Schabbat Schalom

Jerusalemer Texte
Schriften aus der Arbeit der
Jerusalem-Akademie

herausgegeben von
Hans-Christoph Goßmann

Band 8

Verlag Traugott Bautz

Jonathan Magonet

Schabbat Schalom

Jüdische Theologie – in Predigten entfaltet

Verlag Traugott Bautz

Bibliografische Information
Der Deutschen Bibliothek
Die Deutsche Bibliothek verzeichnet diese
Publikation in der Deutschen Nationalbibliografie;
detaillierte bibliografische Daten sind im Internet
über http://dnb.ddb.de abrufbar.

Verlag Traugott Bautz GmbH
99734 Nordhausen 2011
ISBN 978-3-88309-173-0

Geleitwort

Der Reichtum der Hebräischen Bibel erschließt sich nicht auf den ersten Blick. Ihre Texte erfordern eine Interpretation, die ohne theologische Kompetenz nicht möglich ist. Nur auf dieser Grundlage ist es möglich, sie angemessen zur Sprache zu bringen. Biblische Texte zu Gehör zu bringen, sie in die Lebenswirklichkeit von Jüdinnen und Juden sprechen zu lassen, ist Aufgabe jüdischer Predigt. In Schabbatpredigten nimmt jüdische Theologie somit konkrete Gestalt an.

Dabei ist jüdische Theologie – wie jede andere Theologie auch – immer durch den Kontext geprägt, in dem sie erarbeitet und zur Sprache gebracht wird. Es ist die Aufgabe jüdischer Theologie, in jeder Zeit und in jedem gesellschaftlichen und kulturellen Kontext jeweils neu zu formulieren, was die Aussagen der Hebräischen Bibel für Menschen jüdischen Glaubens bedeuten.

In diesem Buch legt Rabbiner Professor Dr. Dr. Jonathan Magonet, der ehemalige Direktor des Leo-Baeck-College in London, Schabbatpredigten vor, die er geschrieben hat und die im Radio ausgestrahlt worden sind. Diese Predigten sind herausragende Beispiele dafür, wie diese Aufgabe wahrgenommen werden kann.

Da diese Predigten im Radio ausgestrahlt worden sind, haben sie auch vielen nicht-jüdischen Hörerinnen und Hörern Einblicke in die Welt der Hebräischen Bibel sowie in deren Bedeutung für das Leben gegeben. Somit sind sie auch eine jüdische Einladung zum interreligiösen Dialog.

Diesem Buch sind somit nicht nur jüdische Leserinnen und Leser zu wünschen, sondern auch nicht-jüdische.

Dr. Hans-Christoph Goßmann
Direktor der Jerusalem-Akademie

Inhaltsverzeichnis

Geleitwort (Hans-Christoph Goßmann) — 5

Einleitung — 8
Die Schabbatpredigten:
Gottes Ruf an Abraham - Lech Lecha Gen 12:1-17:27 — 10
Die Trauer um Sara - Chaje Sara Gen 23:1-25:18 — 15
Die Prüfung des Dieners - Chaje Sara Gen 23:1-25:18 — 19
Das Scheitern der Kommunikation - Toldot Gen 25:19-28:9 — 23
Die Stimmen der Frauen - Toldot Gen 25:19-28:9 — 27
"Fürwahr, Gott ist an dieser Stätte" - Wajeze Gen 28:10-32:3 — 29
Jakob trifft Esau - Wajischlach Gen 32:4-36:43 — 34
Joseph und der Pharao - Mikez Gen 41:1-44:17 — 38
Konkurrenz unter Brüdern - Wajigasch Gen 44:18-47:27 — 42
Der halsstarrige Pharao - Wa'era Ex 6:2-9:35 — 47
Tägliche Wunder - Bo Ex 10:1-13.16 — 51
Wer ist Jitro? - Jitro Ex 18:1-20:23 — 55
Wählt Richter aus! - Jitro Ex 18:1-20:23 — 58
Die Zehn Gebote und die Menschenrechte – Jitro Ex 18:1-20:23 — 62
Der Maßstab des Rechts - Mischpatim Ex 21:1-24:18 — 65
Die Gemeinde, die nicht da ist - Wajakhel-Pekude Ex 35:1-40:38 — 70
Über Hüte und Hidschabs - Pekude Ex 38:21-40:38 — 74
Märtyrer und Opfer - Achare Mot Lev 16:1-18:30 — 78
Geheimnisse über Sex und Tod - Emor Lev 21:1-24:23 — 83
Heilige Orte - Nasso Num 4:21-7:89 — 87
Die Erkundung des Landes - Schelach Lecha Num 13:1-15:41 — 92
Der Aufstand gegen Moses - Korach Num 16:1-18:32 — 97
Der Tod der Miriam - Chukat Num 19:1-22:1 — 102
Höre auf deinen Esel - Balak Num 2:2-25:9 — 106
Der angemessene Umgang mit Fanatikern - Pinchas Num 25:10-30:1 — 110

Die Übergabe der Macht - Pinchas Num 25:10-30:1	114
Die Töchter des Zelophehad - Matot-Massei Num 302-36:13	119
Neue Rituale für Frauen - Ekew Deut 7:12-11:25	123
Wenn die Tradition falsch ist - Ki Teze Deut 21:10-25:19	128
Verheißene Länder - Ki Tawo Deut 26:1-29:8	133
Vom Heiligen zum Profanen - Ki Tawo Deut 26:1-29:8	135
In einer Kultur der Angst - Ki Tawo Deut 26:1-29:8	139
Mit Blick auf Jerusalem - Nizawim-Wajelech Deut 29:9-31:30	143
Dem neuen Jahr zugewandt - Nizawim 29:9-30:20	147
Shekel, Schwerter und Altäre - Schabbat Schekalim	151
Die Vorwegnahme von Purim - Schabbat Schekalim	156
Die Vorwegnahme von Pessach (Passover) Schabbat Ha-gadol	158
Vergangene Seder-Abende - Chol ha-moed Pessach	162
Die Reise ins Unbekannte – Omer	166
Das Neujahrsfest und seine verschiedenen Bezeichnungen - Erew Rosh Haschanah	171
Die Sünde, den jeweils Anderen zum Sündenbock zu machen - Erew Rosch Haschanah	175
Die Lehren von Sukkot (Laubhüttenfest) - Erew Sukkot	179

Einleitung

> Die Tora wurde in der Öffentlichkeit am Berg Sinai gegeben, für alle sichtbar. Wenn sie im Lande Israel gegeben worden wäre, dann hätte Israel zu den Völkern der Welt gesagt: "Ihr habt keinen Anteil an ihr." Deshalb wurde die Tora in der Wüste offenbart, in aller Öffentlichkeit, für alle sichtbar, in aller Offenheit, und alle, die sie empfangen möchten, die mögen kommen und sie empfangen …
>
> *Mechilta, Bahodesh zu Exodus 19:12*

Die Tora, die Offenbarung und Lehre Gottes, wurde der ganzen Menschheit zugänglich gemacht. Sie ist nie der ausschließliche Besitz eines Volkes gewesen. Obgleich sich das jüdische Volk seine einzigartige Identität und einzigartige Art, die Tora auszulegen, bewahrt hat, wurde die Offenbarung vielen anderen durch die religiösen Traditionen des Christentums sowie des Islams zugänglich gemacht. Bedauerlicherweise haben sich diese drei Religionen in der Vergangenheit gegenseitig als Rivalen betrachtet, und unter den dreien werden Kämpfe über die Fragen ausgetragen, wie die Offenbarung zu verstehen und in der Welt umzusetzen ist. Jedoch stehen alle drei vor derselben Herausforderung, die Notwendigkeit der Bildung einer eigenen Identität und die Aufgabe der ebenso wirkmächtigen Gegebenheit ihrer gemeinsamen Teilhabe an der Menschheit in ein ausgewogenes Verhältnis zu bringen. Diese beiden Aspekte in einer konstruktiven Spannung zu halten, ist eine Aufgabe, der sich jede Generation aufs Neue zu stellen hat.

Heute, in unserer globalen Gesellschaft, begegnen wir einander in einem Maße wie nie zuvor. Unser inneres Glaubensleben ist für jeden sichtbar, so dass die traditionelle Weisheit, die es neben dem menschlichen Versagen in Vergangenheit und Gegenwart gibt, zur Gänze offen liegt. Einige haben den Versuch unternommen, Mauern zu ziehen, um ihre vertraute, innere Welt zu schützen, andere haben versucht, ihre Gemeinschaft auszudehnen, indem sie andere ermunterten, sich ihnen anzuschließen. Zwischen diesen beiden Positionen gibt es Möglichkeiten, unsere tiefsten Lehren mit jedem einfach zu teilen, der den Wunsch hat zu lernen, ohne irgendein Bekenntnis über die gemeinsame Freude an den Früchten einer Tradition der Weisheit und der geistlichen Erkundung hinaus zu erwarten. Wie sich jemand ehrlich an seine eigene religiöse Gemeinschaft richtet, wie er sie anspricht, während er zu derselben Zeit diese Lehren anderen zugänglich macht, ist eine große Herausforderung. Diese Ansprachen sind gefragt, um andere einzuladen, einem Gespräch zuzuhören, das in der Vergangenheit eine rein innerjüdische Erfahrung gewesen wäre.

Rabbiner Professor Dr. Dr. Jonathan Magonet

Gottes Ruf an Abraham - Lech Lecha Gen 12:1-17:27

An diesem Sabbat beginnen wir mit einem Zyklus von Geschichten über Abraham, den Stammvater des biblischen Glaubens. Er wirkt nicht wie der geborene Held für solch eine außergewöhnliche Leistung. Er ist 75 Jahre alt. Keiner der bisherigen Hinweise auf ihn in der Bibel lässt vermuten, dass er ein religiöser Pionier werden wird. Tatsächlich gibt es so wenig Informationen über ihn, dass die Rabbinen sich gezwungen sahen, Geschichten aus seinem früheren Leben hinzuzuziehen, um zu erklären, wie er zu dem Glauben an den einen Gott gekommen ist.

Dieses Stillschweigen der Bibel ermutigt uns, den Beginn zu erkunden. Warum beispielsweise beginnt Abrahams Geschichte hier in Genesis, Kapitel 12? Oder was sollen wir von den wenigen quälenden Einblicken in sein früheres Leben im vorhergehenden Kapitel halten?

Die Einleitungsverse unseres Kapitels sind ein wenig rätselhaft. Gott spricht zu Abram, wie er damals genannt wurde - sein Name wurde erst später in Abraham geändert. Gott lädt ihn ein, sein Vaterland, seine Familie und das Haus seines Vaters zu verlassen und in ein Land zu gehen, das Gott ihm zeigen will. Die hebräischen Worte lekh l'kha, die Gott gebraucht, sind tatsächlich eine Einladung, kein Befehl, wie viele Übersetzungen vermuten lassen. Wörtlich übersetzt bedeuten diese beiden Worte „Geh zu Dir" oder „Geh selbst" oder auch „Geh um deinetwillen". Das bedeutet, dass Abraham frei entscheiden kann, ob er die Aufgabe annimmt oder nicht. Wenn Gottes Vorstellung von Menschlichkeit einen Sinn haben soll, muss Abraham in seiner Entscheidung frei sein. Er muss sich willentlich entscheiden, sein Leben und seine Zukunft in die Hände dieses Gottes zu legen, der ihn ruft.

Nichts wird gesagt über Abrahams Überlegungen oder darüber, warum er sich entschließt zu gehen. Stattdessen erfahren wir nur, dass Abraham seinen gesamten Haushalt mitnahm. Darunter waren auch die Diener, die er angestellt hatte während seines Aufenthaltes in dem Ort Haran. Dabei handelt es sich um eine bedeutende Stadt auf dem Wege von Abrahams Geburtsort Ur am Euphrat nach Aleppo. Aber an diesem Punkt wird die biblische Geschichte etwas unklar.

Um das Problem zu verstehen, müssen wir uns noch einmal dem vorhergehenden Kapitel, Genesis 11, zuwenden. Es führt Abrahams Familie ein und die Liste der Personen, die wir kennen müssen, wenn die Geschichte ihren Lauf nimmt. Genesis 11 enthält einen Stammbaum über zehn Generationen von Shem, dem Sohn Noahs bis zu Terach, dem Vater Abrahams. Wir erfahren, dass Terach drei Söhne hat. Abraham ist der älteste, außerdem Nahor und Haran. Haran stirbt und sein Sohn Lot wird Abrahams Mündel. Er wird Abraham auf seiner Reise begleiten und ihm in der Zukunft noch einigen Ärger bereiten.

Wir erfahren, dass beide, Abraham und Nahor heiraten. Nahor hat Kinder, die in den späteren Geschichten von Abrahams Familie eine Rolle spielen werden. Abrahams Frau, Sarah, aber ist unfruchtbar und kann keine Kinder haben. So viel zum Hintergrund.

Als nächstes erfahren wir, dass es ursprünglich Abrahams Vater Terach ist, der sich auf eine Reise aus seinem Heimatland macht, aus der Stadt Ur. Sein Ziel ist das Land Kanaan, das namenlose Land, das zu besuchen Gott Abraham einlädt. Unter dem Namen Israel wird dieses Land immer mit Abraham und seinen Nachfahren verbunden sein. Unter der Führung von Terach kommt die Familie nur bis in die Stadt Haran, wo sie sich niederlässt und bleibt. Hier liegt das Problem. Terach hat die Heimat der Familie mit dem Aufbruch nach Kanaan bereits verlassen. Was bedeutet also Gottes Einladung an Abraham, sein Heimatland zu verlassen, wenn er das doch schon vor langer Zeit getan hat als er seinen Vater begleitete? Auf wessen Initiative geht die ganze Reise zurück, auf die von Terach oder auf die von Abraham? Folgte Terach auch schon einem Wort Gottes? Setzte Abraham nur einen Weg fort, den sein Vater angetreten hatte? Dieser scheinbare Widerspruch zeigt eines, nämlich die Schwierigkeit genau festzulegen, wo genau etwas beginnt. Ereignisse haben immer eine Vorgeschichte. Welche Faktoren mögen zum jetzigen Augenblick geführt haben? Ein zufälliges Zusammentreffen, eine persönliche Erfahrung, eine ganze Lebensspanne, die in einer bestimmten Weise verbracht wurde - können sich alle als Vorbereitung auf etwas ganz neues und unerwartetes herausstellen. Etwas aus der Vergangenheit, vielleicht lange Vergessenes, hatte einen Sinn, der erst jetzt Früchte trägt. Wie die Wellen, die entstehen, wenn ein Stein ins Wasser geworfen wird: Sie berühren viele andere Stellen und können Wirkungen haben, die niemals vorausgesehen werden konnten.

Unser Leben ist wie ein Netz aus sich endlos entwickelnden Ergebnissen von Ereignissen aus unserer Vergangenheit, von denen wir uns nur an einige erinnern. Wir befinden uns in einem unendlich komplexen Muster von Ursache und Wirkung, von Handlung und Resultat. Vielleicht erhaschen wir zufällig einen Blick darauf, wie Dinge sich in einem bestimmten Fall entwickelt haben. Meistens jedoch versuchen wir nur einen Sinn zu sehen, in den Dingen, die uns widerfahren.

Was war es, das Abraham so besonders empfänglich gemacht hat für den Auftrag, den er von Gott erhielt? Gab es etwas in der Stadt Haran, das ihn gestört hat? Die Rabbinen gehen davon aus, dass es ein Ort vieler Götter und Idole war, den Abraham nicht tolerieren konnte. Sie erzählen eine Geschichte darüber, wie er dazu kam dem einen Gott zu dienen.

Als Kind verehrte Abraham die Sterne, aber als er den Mond sah, verehrte er stattdessen ihn. Als jedoch am nächsten Morgen die mächtige Sonne aufging, war er überzeugt, dass das der wahre Gott war. Aber dann wurde die Sonne von einer Wolke verdeckt und er erkannte, dass hinter all diesen Natur-Phänomenen eine größere Macht sein musste, die sie kontrollierte. Auf diese Weise entdeckte er den einen Gott. Sobald er diese Entdeckung gemacht hatte, fand er es schwierig an einem Platz der Götzenverehrung zu bleiben. So erklärt diese innere Reise sein Verlangen, mit der Vergangenheit zu brechen und die Reise in ein neues Land anzutreten.

Aber vielleicht gab es noch andere Faktoren, die dazu führten, dass Abraham zu einem solchen Schritt bereit war. Eventuell müssen wir uns die Informationen genauer ansehen, die wir in den vorigen Kapiteln erhalten haben. Als, nach dem Tod seines Bruders Haran, sein Neffe Lot in die Familie kommt, bringt das eine neue Verantwortung mit sich. Abraham wird plötzlich zum Vorstand nicht nur eines Haushaltes, sondern von zweien. Später im Buch Genesis erfahren wir, dass es Spannungen gab zwischen den beiden Familien und dass sie deshalb getrennt wohnen mussten. Möglicherweise war Abraham deshalb den neuen Möglichkeiten gegenüber aufgeschlossen. Die Notwendigkeit, neues Weideland für sein Vieh zu finden half ihm, die Fesseln zu lösen, die ihn an seinen Vater in Haran banden. Als der Ruf Gottes kam war er mehr als bereit ihn zu hören und wegzugehen.

Aber wir wissen noch von einem anderen Faktor, der ihn schwer belastet hat, die Unfruchtbarkeit seiner Frau Sarah. In dieser biblischen Welt galt ein Mann ohne Kinder als ein Mann ohne Zukunft. Obwohl man annahm, dass die Frau unfruchtbar war, so war es doch eine Schmach für den Mann, der nicht in der Lage war, Kinder zu zeugen. In seiner unmittelbaren Umgebung galt das als peinlich und beschämend. Wir erfahren, dass Sarah schön war. Vielleicht war Abraham hin- und hergerissen zwischen seiner Liebe zu ihr und dem Zwang, eine andere Frau zu finden, um Nachkommen zu haben. Möglicherweise war sein Weggang gar nicht als Reise geplant, sondern als Flucht aus einer unhaltbaren häuslichen Situation.

All die genannten Gründe mögen dazu geführt haben, dass Abraham dazu bereit war, in fortgeschrittenem Alter einen solchen Schritt zu vollziehen. Aber nichts kann die Stärke seines Rufes erklären oder seine Bereitschaft, darauf einzugehen. Unwohlsein in einer fremden Gesellschaft, der Kampf, eine wachsende Familie zu ernähren und Zerrissenheit durch eine schwierige familiäre Situation - all das hat in der Vergangenheit immer wieder zu Völkerwanderungen geführt. Aber nur wenige haben zu einer Vision geführt, die die Menschheit verändert hat. Abraham mag den Ruf als Einladung verstanden haben, allein und zu seinem eigenen Wohl zu gehen - aber es wurde eine Reise nicht nur für ihn selbst, sondern für uns alle.

Die Trauer um Sara - Chaje Sara Gen 23:1-25:18

Die Lesung dieser Woche aus dem Buch Genesis konfrontiert uns wieder mit der Frage, warum bestimmte Passagen ausgewählt wurden in die Hebräische Bibel aufgenommen zu werden. Das 23. Kapitel des Buches Genesis handelt vom Tode Sarahs, der Frau Abrahams, und davon welche Regelungen er getroffen hat, um eine Begräbnisstelle für sie zu erwerben. Im vorangehenden Kapitel steht die drastische Geschichte, in der Gott Abraham auffordert, seinen Sohn Isaak zu opfern, eine der schwierigsten und provozierendsten Geschichten der gesamten Bibel. Von den dadurch aufgeworfenen wichtigen religiösen Fragen nach Gott, werden wir plötzlich zurückversetzt zu einem sehr alltäglichen, praktischen Problem. Warum also ist solch ein Kapitel enthalten?

Lassen Sie uns ins Detail gehen. Dieses Kapitel selbst ist eine faszinierende Beschreibung davon, wie im früheren Nahen Osten Verhandlungen geführt wurden. Abraham und die Hethiter verhalten sich sehr formell und höflich, aber hinter der Fassade können wir sehen, wie sie sich bemühen, eine Einigung zu erzielen, die für alle Seiten akzeptabel ist.

Abraham weist darauf hin, dass er nur ein Fremder unter ihnen ist. Das bedeutet, dass er nur begrenzte Rechte hat und auf ihren guten Willen angewiesen ist, wenn er die Erlaubnis erhalten will, Land zu erwerben um seine Toten darin zu begraben. Die Hethiter erwidern ebenso höflich dass Abraham eine wichtige und gefeierte Persönlichkeit sei, sogar ein Gottesfürst. Sein Status sein nicht von Bedeutung und es sei eine Ehre für sie, ihm jedes Stück Land zu geben, das er wünsche.

Der deutsche jüdische Bibelkommentar des letzten Jahrhunderts, Benno Jakob, weist darauf hin, dass es in den Verhandlungen niemals um kaufen oder verkaufen geht. Es wäre unpassend für die Köpfe der Gesellschaft sich dieser plumpen Sprache des Kommerzes zu bedienen. Lieber sprechen sie über den Austausch von Geschenken, wobei klar ist, dass solche Geschenke von gleichem Wert sein müssen.

Abraham fragt nach der Höhle am Rande eines Feldes, das einem Mann namens Ephron gehört. Da Ephron anwesend ist und die Erlaubnis für eine solche Transaktion erteilt worden ist, ist er ebenso freigiebig und bietet es Abraham als Geschenk an. Während Abraham nur um die Höhle gebeten hat, schließt Ephron das gesamte Feld in den Handel mit ein. Natürlich erhöht das den Verkaufspreis und vielleicht entledigt er sich auf diese Weise auch eines unproduktiven Stückes Land. Als schließlich der Preis genannt wird, präsentiert Ephron ihn auf sehr weltmännische Weise: 'Ein Stück Land für vierzig Shekel, was ist das zwischen Dir und mir?' Der Preis von vierzig Shekeln ist nach biblischen Maßstäben exorbitant. Dennoch zahlt Abraham ihn klaglos und die Transaktion wird formell besiegelt.

So wird die Höhle von Machpelah in Hebron zur Begräbnisstätte für Abraham, Sarah und ihre Nachfahren.

Warum sind die Details dieser Geschichte wichtig? Was ist der Kern dieser Geschichte mit all ihren Details? Vielleicht wurde es als wichtig angesehen, weil es der Teil des Landes Israel war, der tatsächlich vom ersten Patriarchen, Abraham, erworben wurde. Er symbolisiert die Verwurzelung seiner Nachfahren im Land. Vielleicht waren für den biblischen Autor solche häuslichen Begebenheiten im Leben des Patriarchen von Bedeutung. Abraham hat in angemessener Weise gehandelt und der Leser kann erkennen, wie respektiert er in den Augen seiner nichtisraelitischen Nachbarn war. Aber wir könnten in dieser einfachen Begebenheit auch eine andere Dimension erkennen. Etwas, das Bedeutung gewonnen hat durch die tragischen Ereignisse des vergangenen Septembers, als das World Trade Center unter den Terrorangriffen einstürzte.

Um diese Dimension zu erklären, muss ich die Geschichte eines ganz besonderen Menschen namens Eugene Heimler erzählen. Geboren in Ungarn war er ein Überlebender des Konzentrationslagers in Auschwitz. Nach dem Krieg wurde er psychiatrischer Sozialarbeiter in England und arbeitete teilweise mit anderen Überlebenden der Konzentrationslager und ihren Angehörigen.

Er erlebte einmal selber einen starken psychotischen Schub, bei dem seine ganze Welt plötzlich zusammenbrach. Das war ein besonderer Schock, weil er geglaubt hatte, dass er durch Jahre der Analyse und Therapie die Folgen seiner Erlebnisse in Auschwitz überwunden hatte. Nichts schien zu helfen. Dann fragte ein Freund ihn eines Tages, ob er einen rituellen Trauerprozess durchlaufen hatte für die Mitglieder seiner Familie, die in den Konzentrationslagern umgekommen waren. Als Heimler darüber nachdachte, realisierte er, dass er das nicht getan hatte. Wie er erklärte, hatten viele Überlebende sich jahrelang die Hoffnung erhalten, dass geliebte Angehörige, die vermisst wurden, wieder auftauchen würden, lang nachdem sie wussten, dass das nicht mehr möglich war.

Heimler entschloss sich, sich dem formellen jüdischen Trauerritual zu unterziehen, das auch umfasst, dass das Erinnerungs-Gebet, der Kaddisch, ein Jahr lang täglich rezitiert wird. Auf diese Weise konnte auch er sich endlich von denen verabschieden, die er verloren hatte und seine eigenen Toten 'begraben'. Kurz danach war der psychotische Schub vorbei. Er untersuchte daraufhin mit seinen Patienten, in welchem Maße sie die großen Verluste in ihrem Leben nicht verarbeitet hatten, so dass sie niemals richtig damit fertig geworden sind.

Die Geschichte von Abrahams Trauer um seine Frau und die formellen Vereinbarungen, die er für ihr Begräbnis trifft, zeigen den normalen Weg, wie wir mit solch einer Verlusterfahrung umgehen. Ein Teil des

Grauens in den Geschehnissen am World Trade Center liegt darin, dass die Körper der meisten Getöteten niemals gefunden werden. Wie die Überlebenden der Shoah oder die Hinterbliebenen jeder großen Naturkatastrophe oder jeden Krieges, werden manche Menschen niemals lernen, sich mit dem Schicksal ihrer geliebten Angehörigen, die getötet wurden, abzufinden. Solange die Hoffnung besteht, dass die vermisste Person eines Tages zurückkommen könnte, kann diese Möglichkeit sie stützen. Aber gleichzeitig kann sie sie daran hindern, die Realität des Verlustes zu akzeptieren. Eugene Heimlar hat verstanden, welchen großen Schaden das seinem eigenen emotionalen Zustand zugefügt hat. Für viele haben die Wunden dieser furchtbaren Erfahrung und die Irrealität des plötzlichen Verschwindens von jemandem, der einem so nah stand, Auswirkungen bis weit in die Zukunft.

Die Trauer-Rituale des Judentums helfen, den Tod eines geliebten Menschen zu akzeptieren. Die unterschiedlichen Stadien unterstützen den Trauernden in seinem Heilungsprozess von dem Zeitpunkt des anfänglichen Schocks und dem Schmerz des Verlusts durch die Zeit der Vernarbung und der langsamen Rückkehr zum Leben. Wir können nur hoffen, dass diejenigen, die unter den tragischen Ereignissen von New York und Washington leiden, die Unterstützung finden, die sie jetzt brauchen, um den Verlust verarbeiten zu können. Mögen sie, wie Abraham, in der Lage sein, ihre Toten zumindest emotionell zu begraben und ihr Leben wieder aufzubauen.

Die Prüfung des Dieners - Chaje Sara Gen 23:1-25:18

Die heutige Thora-Lesung überrascht, denn sie enthält lediglich einige Geschichten aus der Zeit kurz vor Abrahams Tod. Sie haben nichts gemein mit dem Drama, das sich im vorigen Kapitel zugetragen hat, als Abraham von Gott aufgefordert wurde, seinen Sohn zu opfern. Im 23. Kapitel des Buches Genesis lesen wir vom Tode Sarahs und davon, wie Abraham versucht, eine Begräbnisstelle für sie und seine Familie zu finden. Im 24. Kapitel schickt er einen Diener in sein Heimatland, der eine Frau für seinen Sohn Isaak finden soll. Aber all das hätte in wenigen Sätzen erzählt werden könne. Warum also diese Details?

Unter der Oberfläche erkennen wir wie unsicher Abraham sich als Immigrant im Lande Kanaan fühlt. Für die Begräbnishöhle benötigt er nicht nur die Zustimmung des Höhlenbesitzers, sondern auch die der Sippenältesten. Die Verhandlungen werden von beiden Seiten mit Respekt und sogar Schmeicheleien geführt. Doch Abrahams Erfolg hängt davon ab, dass er jeden geforderten Preis zahlt. Einige Vorurteile gegen Einwanderer verschwinden oder werden zumindest ignoriert, wenn sie zahlungskräftig sind. Abraham soll nicht nur die Höhle kaufen, die er benötigt, sondern auch das Gelände darum herum, und das alles zu einem überzogenen Preis. Der Handel kommt zustande und Abraham kann seine Frau bestatten. Eines Tages wird auch er selbst von seinen Söhnen Isaak und Ismael dort begraben werden.

Die Geschichte im folgenden Kapitel zeigt uns einen anderen Aspekt im Leben eines Einwanderers. Wie sehr Abraham sich auch integriert haben mag, in einer Hinsicht fühlt er sich doch als Außenseiter. Als er eine Frau für seinen Sohn sucht, möchte er - wie viele Menschen aus einer traditionellen Gesellschaft - eine Frau aus seinem eigenen Land, seiner eigenen Familie und Tradition holen. In biblischen Zeiten wurden Ehen von den Familien arrangiert, da sie nicht nur die beiden Menschen betrafen. Eine Ehe war eine Verbindung zweier Familien, ihren Besitztümern und ihren Erbschaften. Aber unabhängig von diesen praktischen Dingen, ist jede Familie besorgt um das Glück ihrer Kinder. In der traditionellen Gesellschaft wurde deshalb die Familie des künftigen Ehepartners genau geprüft: Ansehen in der Gesellschaft, ihre Autorität über Generationen hinweg, das Fehlen störender Verhaltensweisen, Frömmigkeit und besonders in einer jüdischen Gesellschaft das Thora-Studium. Es wurde angenommen, dass diese Qualitäten auf Braut oder Bräutigam übergegangen waren, so dass die Familie die Ehe gutheißen konnte. Heute ist das anders, denn nur das Paar selbst entscheidet über die Eignung der Partner. Die Familie hinterfragt lediglich die finanziellen Aussichten des Bräutigams. Traditionelle Gesellschaften schauten auf die Vergangenheit, moderne Gesellschaften sehen in die Zukunft.

Aber Abrahams Situation ist schwierig. Er hat die Aufgabe, eine geeignete Schwiegertochter zu finden, lange aufgeschoben. Wir lesen, dass Abraham schon sehr alt ist und deshalb vielleicht nicht mehr in der Lage war, die Reise selbst zu unternehmen. Stattdessen betraut er damit seinen treuen Diener, der seinen Haushalt führt. Der Diener wird in diesem Kapitel nie benannt, aber die rabbinische Tradition identifiziert ihn als Eliezer. Das beruht auf einem früheren Verweis auf einen gewissen Eliezer von Damaskus, der Abrahams Erbe werden sollte, wenn er ohne Sohn bliebe. Wenn der Diener dieser Eliezer ist, dann wird klar, warum Abraham ihn zu Beginn der Reise auffordert vor Gott einen feierlichen Eid zu schwören, seine Pflicht zu erfüllen. Und es würde auch die Antwort des Dieners erklären: Was passiert, wenn die Frau sich weigert, mich hierher zu begleiten? Soll ich Isaak dorthin bringen? Abraham untersagt ihm sofort, Isaak in sein Heimatland zu bringen. Vielleicht fürchtet er, dass Isaak der Versuchung nicht widerstehen kann, dort zu bleiben statt nach Kanaan zurückzukehren. Vielleicht fürchtet er aber auch, dass Isaak einen Unfall erleiden könnte, wie es später Joseph widerfährt. Er teilt dem Diener also mit, dass er aus seiner Aufgabe entlassen ist, wenn die Frau sich weigert, ihn zu begleiten. Wenn der Diener tatsächlich Eliezer und damit ein möglicher Erbe ist, dann steht er vor einer großen Versuchung. Er muss lediglich keine passende Frau finden oder sie daran hindern, ihn zu begleiten, und kann somit seine eigenen Chancen auf das Erbe erhöhen.

Erliegt der Diener dieser Versuchung? Er reist mit einer großen Karawane in das Land, die den Reichtum seines Herrn bezeugt. Er rastet am Brunnen, der der Mittelpunkt des gesellschaftlichen Lebens ist. Aber statt nach der Familie seines Herrn zu suchen oder sich nach möglichen Bräuten umzusehen, schließt er eine Handel mit Gott. Wenn die erste Frau, die er um Wasser bittet, anbietet, auch seine Kamele zu tränken, dann ist sie die richtige.

Auf den ersten Blick scheint es eine sinnvolle Vereinbarung zu sein, die er mit Gott schließt. Es würde die Gastfreundschaft der Frau zeigen - ein wichtiger Wert im damaligen Nahen Osten. Aber es gibt eine Schwierigkeit, auf die die große Bibellehrerin Nechama Leibowitz hingewiesen hat indem sie die einfache Frage stellte: Wie viel trinkt ein durstiges Kamel? Sicher hängt das von vielen verschieden Faktoren ab, aber es sind etwa 120 Liter. Und der Diener hat zehn Kamele. Wir stellen uns Rebekka normalerweise vor als hübsches Mädchen mit einem Wasserkrug. Freundlich gießt sie ein wenig Wasser in einen Trog. Aber es muss ein großer Aufwand gewesen sein, wieder und wieder zum Brunnen zu gehen.

Die Bibel berichtet, dass der Diener sie lediglich angestarrt hat, als sie das tat. Der Gedanke, einfach keine passende Frau für Isaak zu finden, war damit zerstört. Er gab ihr einen goldenen Ring und legte ihr zwei kostbare Armbänder um, erst dann fragte er nach ihren Eltern. Als er herausfindet, dass sie tatsächlich aus Abrahams Familie stammt, verneigt er sich tief vor dem Gott Abrahams.

Es folgen die Verhandlungen mit der Familie, dem Mädchen die Reise zu gestatten und Isaak zu heiraten. Der Diener setzt all seine Überzeugungskraft ein, auch wenn er vorsichtig sein muss, um zu erklären, dass er Rebekka ausgewählt hat, bevor er wusste, wer sie war. Er erzählt die Geschichte von dem Brunnen und von Gottes Eingreifen, aber er verändert die Geschichte leicht. In seiner Version fragt er sie nach ihrer Familie bevor er ihr die Geschenke gibt. Er hat Erfolg und mit dem Einverständnis ihrer Familie ist Rebekka bereit, ihn zu begleiten.

Dieses Kapitel mit 67 Versen ist das längste im Buch Genesis. Warum wird dieser Geschichte so viel Platz eingeräumt? Sicher, sie beschreibt den Einfluss Gottes auf das Schicksal Abrahams und seiner Familie. Es ist auch ein faszinierendes Märchen über Verhandlungen und Diplomatie. Aber es zeigt auch, dass die Hebräische Bibel nicht nur von Politik und wichtigen gesellschaftlichen Ereignissen handelt. Sie befasst sich mit dem täglichen Leben. Wie man mit den grundlegenden Verantwortungen innerhalb der Familie umgeht, sie ist eine Reflektion über unsere inneren Werte und Hoffnungen. Und - wie im Falle von Abraham - gibt sie uns Empfehlungen, wie man verantwortungsbewusst und einfühlsam handelt.

Das Scheitern der Kommunikation - Toldot Gen 25:19-28:9

Wenn wir die Geschichten im Buch Genesis lesen, wird schnell klar, dass Männer die Hauptrollen spielen. Allein die Nennung der Namen Abraham, Jakob und Joseph ruft uns die wichtigsten Geschichten in Erinnerung. Die Frauen stehen im Hintergrund und treten nur manchmal nach vorn. So ist es Sarah, die darauf besteht, dass Abraham seinen Sohn Ismael und dessen Mutter Hagar fortschickt. Rachel und Lea konkurrieren um die Liebe von Jakob und gebären zwölf Söhne, die Urväter der zwölf Stämme. Es scheint als ob sich die Frauen in diesen Geschichten ganz ihren häuslichen Pflichten widmen, besonders der Frage, wer zur Familie gehört und wer erben wird. Auch wenn das nur eine Nebenrolle zu sein scheint, so ist sie in der Bibel doch wichtig. Wie ein alter Witz sagt: Eine Frau erklärt einem Freund, wie sie und ihr Mann sich die Verantwortung teilen: „Er kümmert sich um die großen Dinge und ich um die kleinen. Er beschäftigt sich mit internationaler Politik, dem Weltfrieden und Umweltproblemen, ich entscheide, wo wir leben, wie wir unser Geld verdienen und welche Ausbildungen unsere Kinder machen!"

In einer der Bibelgeschichten haben die häuslichen Sorgen einer Frau weit größere Bedeutung. Es ist die Geschichte des heutigen Sabbats, der Abschnitt „Toledot", was soviel wie „Geschichte der Generationen" heißt.

Die Geschichte erzählt, dass Rebekka Zwillinge erwartete. Das war eine ungewöhnliche Erfahrung und weil es so schien, als ob sich die Zwillinge in ihrem Bauch bekämpften, fragt sie Gott um Rat. Die Bibel berichtet nicht, wie sie das getan hat. Hat sie ein Orakel befragt, einen Priester oder Propheten? So hat es die rabbinische Tradition verstanden. Die Rabbinen glaubten, sie könnte sogar Abraham befragt haben, der zu diesem Zeitpunkt noch gelebt haben muss. Aber während der Text diese Möglichkeit offen lässt, ist es doch offensichtlich, dass sie einen direkten

Kontakt zu Gott hat und Gott ihr eine direkte Antwort gibt. Andererseits heißt es in der rabbinischen Tradition, dass ein Bote die Antwort überbracht hat, also indirekt antwortete.

Warum ist es den Rabbinen so wichtig, einen Mittler zu finden? Es scheint als sei es den Rabbinen unangenehm, dass Gott direkt mit einer Frau gesprochen haben könnte. Die Bibel hingegen nennt noch einige weitere Frauen als Prophetinnen, darunter Moses Schwester Miriam, Deborah und Huldah. Aber in der frühen rabbinischen Zeit sah man diese Dinge anders. Die religiöse Autorität lag in der Hand der Männer. Erst in den vergangenen Jahrhunderten und besonders in den letzten Jahrzehnten des letzten Jahrhunderts wurde das bezweifelt.

Was hat Rebekka von Gott erfahren? Wie die Zwillinge in ihrem Bauch miteinander gekämpft haben, so werden sie auch nach der Geburt miteinander kämpfen. Tatsächlich wird der Ältere dem jüngeren dienen. Die Frage ist, wer von den beiden die religiöse Tradition Abrahams fortführen wird. So wie Isaak ausgewählt wurde und sein Bruder Ismael nicht, so konkurrieren auch Jakob und Esau um den Segen ihres Großvaters Abraham.

Die Zwillinge werden geboren, zuerst Esau. Aber als sein Zwillingsbruder Jakob geboren wird, hält er die Ferse seines Bruders, so als ob er versucht hätte, vor ihm geboren zu werden. Deshalb bekommt er seinen Namen, auf Hebräisch „Ya'akov", nach dem Wort „ekev" für „Ferse". Wir erfahren, dass Isaak Esau liebt, Rebekka aber Jakob. Der Ursprung ihrer Konflikte liegt also bereits in der Kindheit. Möglicherweise hat Rebekka Jakob erzählt, was sie von Gott erfahren hat, nämlich dass der Ältere seinem jüngeren Bruder dienen wird und damit seine eigenen Ambitionen geweckt hat. Das würde Gespräche erklären, die die beiden als Kinder geführt haben. Als Esau hungrig vom Feld kommt, bittet er Jakob um etwas von dem Essen, das er kocht. Jakob verkauft es ihm im

Tausch gegen sein Erstgeburtsrecht. Es ist als ob Jakob die Prophezeiung seiner Mutter lebt.

Später nimmt Rebekka die Dinge selbst in die Hand. Sie hört, dass Isaak Esau segnen will, bevor er stirbt. Dieser Segen ist gleichbedeutend mit einem Testament, das Esau alles vermacht. Rebekka ist so überzeugt von der Prophezeiung, dass sie sogar ihren blinden Ehemann täuscht, um Jakob anstelle von Esau den Segen zukommen zu lassen. Jakob verkleidet sich und gibt vor, Esau zu sein. Er betrügt damit seinen Vater und seinen Bruder in schockierender Weise. Aber der Segen, den er stiehlt und der eigentlich Esau gegolten hätte, scheint nicht der Segen Abrahams zu sein. Hier geht es um gute Ernten, Erfolg und Kraft, ein Segen, wie ihn sich jeder Vater für seinen erstgeborenen Sohn wünscht. Wegen seines Betruges muss Jakob sich dem Hass seines Bruders Esau entziehen. Beim Abschied erteilt sein Vater ihm einen anderen Segen. Dieses Mal spricht er den Segen, den er von Abraham erhalten hat, den Segen, eine große Nation zu werden und das Land zu erben.

Jakob verbringt zwanzig leidvolle Jahre im Exil, bevor er schließlich heimkehren und diesen Segen einfordern kann.

Auf dem Heimweg schickt er seinem Bruder einige der großen Herden, die er erworben hat. Es ist, als ob er Esau damit für den materiellen Segen entschädigen will, den er gestohlen hat. Jakob versucht, seine Fehler wieder gut zu machen. Aber noch Generationen später werden die Nachfahren von Jakob und Esau gegeneinander Krieg führen.

Rebekka, die so viel geopfert hat für Jakob und die Prophezeiung, stirbt, bevor Jakob heimkehrt. Sie hat ihren Sohn, den sie geliebt hat und für den sie so viel riskiert hat, nie wieder gesehen.

Hat Rebekka falsch gehandelt? Sie hat die Erfahrung gemacht, von Gott selbst eine Prophezeiung zu bekommen über ihre beiden Söhne. Wie kann sie mit ansehen, wie ihr Mann einen großen Fehler macht und Gottes Segen an den falschen Sohn weitergibt?

Wir wissen nicht, ob sie ihrem Mann von der Prophezeiung erzählt hat. Selbst wenn sie es getan hat, so muss sie vermutet haben, dass Isaak das ignorieren wollte. In religiösen Fragen hatten vermutlich auch zu dieser Zeit Frauen nur wenig zu sagen. Oder vielleicht war es in dieser Familie so, dass die Männer Entscheidungen trafen, ohne vorher ihre Frauen zu konsultieren oder die Verantwortung mit ihnen zu teilen. Nur zufällig hat Rebekka gehört, wie Isaak mit Esau sprach, wodurch die ganze tragische Geschichte von Betrug, Konflikt und Exil ausgelöst wurde.

Hätte die Geschichte auch anders ausgehen können? Hätte Rebekka mit Isaak darüber gesprochen, welchen Segen er Esau erteilen wollte, hätte sie erkannt, dass es kein Problem gab. Isaak hatte entschieden, seinem älteren Sohn den Segen zu geben, den er brauchte, um im Leben bestehen zu können. Aber den Segen Abrahams wollte er für Jakob aufheben. Jakob hätte nicht ins Exil gehen müssen und die Familie hätte die nächsten zwanzig Jahre gemeinsam verbringen können.
Das sind Lektionen über Kommunikation und darüber, Verantwortung innerhalb der Familie zu teilen. Wer die großen Entscheidungen trifft und wer die kleinen. Da ist ebenso eine wichtige Herausforderung für jede Gesellschaft oder Kultur, die die Rolle und Bedeutung der Frau ignoriert. In diesen Kapiteln geht es um Macht und um Mittel, die Menschen ergreifen, wenn sie keine Macht über ihr eigenes Leben haben. Die Wurzeln dieser Konflikte liegen in der Familie, aber die Konsequenzen betreffen die ganze Erde.

Die Stimmen der Frauen - Toldot Gen 25:19-28:9

In den vergangenen Jahrzehnten musste das Judentum, ebenso wie andere Religionen auf die Forderungen der Frauenbewegung reagieren. Einige Veränderungen ergaben sich unweigerlich durch den wachsenden Einfluss von Frauen in allen Bereichen unseres Lebens: Der Arbeit, aber auch der Religion.

Selbst in sehr konservativen jüdischen Gemeinden haben sich die Dinge geändert. Früher wurden Frauen auf ihre traditionellen Rollen festgelegt. In orthodoxen Gemeinden wurden Frauen sogar daran gehindert, verantwortungsvollere Führungsaufgaben zu übernehmen – mit Argumenten, die aus dem jüdischen Gesetz abgeleitet waren. Aber im Progressiven Judentum sind diese Einschränkungen schon lange abgeschafft und Frauen haben jede erdenkliche Führungsposition im Gemeindeleben übernommen und sind sogar zu Rabbinerinnen ordiniert worden. Selbst hier in Deutschland, wo die Führung der Gemeinden lange männlich dominiert war, hat es Änderungen gegeben. Initiativen von Frauen haben manch kleine orthodoxe Gemeinde wiederbelebt und eine wichtige Rolle bei der Entstehung von neuen liberalen Gemeinden gespielt. Die weibliche Herangehensweise scheint sich durch die Einsicht auszuzeichnen, dass man Gemeindemitglieder ausbilden und stärken muss, dass man ihnen eine Aufgabe geben muss und nicht auf eine hierarchische Struktur bauen darf, wenn man eine Gemeinde entwickeln will.

Oberflächlich gesehen hat sich also schon viel verändert und der Trend setzt sich sicherlich fort.

Die Thora-Lesung dieser Woche zeigt, was diese Entwicklung für das Judentum bedeutet. Unser Text aus Genesis, Kapitel 25, berichtet uns, dass Rebekka, die Frau von Isaak, nach Jahren der Unfruchtbarkeit schwanger geworden ist. Doch die Zwillinge in ihrem Leib werden immer miteinander ringen. In ihrer Sorge sucht sie Gottes Rat. Der Text sagt eindeutig, dass Gott ihr antwortet und direkt mit ihr spricht.

Aus dem Bibeltext geht nicht hervor, wie Gott tatsächlich mit ihr spricht, ebenso wie die Bibel nie erklärt, wie Gott mit Abraham, Isaak oder Jakob spricht. Der rabbinische Kommentar zu diesem Vers erklärt, dass sie sich an den Patriarchen Shem gewandt hat, den Sohn von Noah. Durch ihn übermittelte Gott ihr seine Antwort. Es scheint so, als sei den frühen Rabbinen und ihren mittelalterlichen Nachfolgern der Gedanke unangenehm gewesen, dass Gott direkt zu einer Frau gesprochen haben könnte. In der folgenden Generation beteten die beiden Frauen von Jakob, Rachel und Lea zu Gott, dass er ihnen Kinder schenken möge und ihre Gebete wurden erhört. So ergibt sich aus den biblischen Aufzeichnungen ganz klar, dass Frauen ebenso wie Männer eine direkte Verbindung zu Gott hatten. Die spätere Tradition bezieht sich jedoch mehr auf Männer und unterschlägt, wie in Rebekkas Fall, die Möglichkeit einer solch direkten Kommunikation mit Frauen.

Aufgrund der patriarchalen Struktur der biblischen Gesellschaft ist der männliche Autoritätsanspruch in religiösen Fragen verständlich. Im Judentum wie im Christentum und im Islam, die ähnliche Traditionen und Kulturen teilen, ist das bis heute so. Es ist ein Verdienst der Rabbinen früherer Epochen, dass sie versuchten, Ungerechtigkeiten anzusprechen, die sich aus dieser männlichen Machtfülle in rechtlichen Dingen ergaben. Das kann jedoch nur der Anfang einer Entwicklung sein, die einen großen Einfluss auf alle drei Religionen haben wird. Indem wir die Position der Frauen neu definieren, müssen wir auch hinterfragen, wie die Offenbarung Gottes und unsere heiligen Schriften zu verstehen sind.

"Fürwahr, Gott ist an dieser Stätte" - Wajeze Gen 28:10-32:3

Die heutige Thora-Lesung enthält eine der bekanntesten Geschichten der Hebräischen Bibel. Ein junger Mann namens Jakob ist dazu bestimmt, Vater von zwölf Söhnen zu werden, den Urvätern der zwölf Stämme Israels. Aber das liegt erst in der Zukunft. Im Moment ist er in Ungnade gefallen. Er hat seinen Vater Isaak betrogen und den Segen ergaunert, der eigentlich seinem Zwillingsbruder Esau zugestanden hätte. Er muss seine Heimat verlassen und in ein fernes Land reisen. In der ersten Nacht seiner Reise legt er sich an einem ihm unbekannten Platz zum Schlafen nieder. Er träumt von einer Leiter, die bis in den Himmel reicht. Engel klettern die Leiter hinauf und hinunter, oben steht Gott. Gott verheißt ihm und seinen Nachfahren eine große Zukunft sowie Schutz auf seinem Weg. Jakob erwacht und ruft aus: "Fürwahr, der Herr ist an dieser Stätte, und ich wusste es nicht!"

Diese Worte Jakobs sind gewiss in vielen Predigten wiederholt worden, denn sie passen zu einer vertrauten menschlichen Erfahrung. Wir kommen an einen Platz, an dem uns etwas von enormer Wichtigkeit passiert, vielleicht etwas, was unser Leben radikal verändert. Davor haben wir unserer Umgebung vielleicht keinerlei Beachtung geschenkt. Danach jedoch erkennen wir, dass der Platz selbst mit unserer Erfahrung in Zusammenhang stehen muss. Wir erinnern uns an diesen Platz und kehren vielleicht immer wieder dorthin zurück, weil er zu einem besonderen Teil unseres Lebens geworden ist.

Es gibt Orte, die die Aufmerksamkeit der Menschen auf sich ziehen. Manchmal gibt es dafür beunruhigende Anlässe. Hunderttausende reisen jedes Jahr in das Konzentrationslager in Auschwitz, um jene zu beweinen und betrauern, die dort gestorben sind oder um zu verstehen, wie es zu diesen Gräueln und zu dieser Zerstörung kommen konnte. Auch die

Gräber von berühmten Menschen können zu Pilgerstätten für ihre Anhänger werden - oder für neugierige Touristen.

Aber es gibt auch Orte, die den Ruf haben, in spiritueller Weise herausragend zu sein. Manchmal nennen wir sie heilig und bauen dort einen Schrein oder einen Tempel. Manchmal sind sie bekannt, weil dort ein Wunder geschehen ist und die Menschen kommen, um an Körper und Seele geheilt zu werden.

Aber sind solche Plätze heilig aufgrund ihrer Natur oder wegen der Emotionen und Hoffnungen, die nachfolgende Generationen von Besuchern mit ihnen verbinden? Wenn ein anderer als Jakob an denselben Ort gekommen wäre, hätte er die gleiche Erfahrung der Gegenwart Gottes gemacht? Wenn Jakob nicht in diesem Gefühlszustand und so verletzlich gewesen wäre, hätte er dann diesen Traum gehabt? Ist es der Ort, der heilig ist oder sind es die Menschen, die den Ort heilig machen?

Im vergangenen Jahr habe ich zwei Plätze entdeckt, die auf sehr unterschiedliche Weise eine Art Heiligkeit zu haben scheinen. Ich hatte das Privileg, die Hohen Feiertage Feierlichkeiten in Berlin zu leiten. Zeitweise predigte ich in der Oranienburger Strasse, einer schönen Synagoge, die teilweise restauriert wurde und von einer neuen jüdischen Gemeinde genutzt wird. Als ich durch die Gegend am Haeckeschen Markt lief, entdeckte ich eine kleine Gasse, die von der Rosenthaler Straße abzweigte. Sie war noch unberührt vom Wiederaufbau und den Verschönerungen um sie herum. Nicht wissend, was ich entdecken würde, ging ich die Gasse hinunter und kam an eine Tür. Ein Zettel darauf wies auf eine Verbindung zum Jüdischen Museum hin, deshalb ging ich hinein. Es war die Blindenwerkstatt.

Sie bestand aus drei kleinen Räumen. Während des Krieges hatte der Eigentümer, Otto Weidt, jüdische und nicht-jüdische Blinde und Taube eingestellt, die Besen und Bürsten herstellten. Dadurch, dass sie an das Militär verkauft wurden, wurde der Betrieb als "kriegswichtig" eingestuft. Um seine jüdischen Arbeiter zu schützen, erklärte er sie für unentbehrlich. Er bestach die Gestapo, das Arbeitsamt und Informanten. Für diejenigen, die am meisten bedroht waren, beschaffte er falsche Papiere. Vier Mitglieder einer jüdischen Familie versteckte er in einem Raum hinter der Werkstatt. Er fuhr sogar nach Auschwitz, um einen seiner Arbeiter frei zu bekommen. Im israelischen Yad Vashem steht sein Name unter den "Gerechten der Völker".

Die Räume, die das Museum bilden, enthalten einige einfache Dokumente und Fotos über das Leben in der Werkstatt. Sie sind mehr oder weniger so erhalten, wie sie während des Krieges aussahen.

Der Aufenthalt dort hat mich sehr bewegt. Diese Großherzigkeit, dieses stille Heldentum und die außergewöhnliche Tatkraft von Otto Weidt haben diesen kleinen sicheren Hafen ermöglicht inmitten von Hass, Angst und Zerstörung. Hier ist kein Wunder geschehen, kein übernatürliches Ereignis, kein Akt der Offenbarung. Aber wie auch immer, dieser Ort war und ist ein heiliger Ort aufgrund dessen, was hier geschah. Und wenn ein Ort es verdient zur Pilgerstätte zu werden, dann ist es dieser, weil er uns menschlichen Mut, Würde und Integrität lehren kann.

Ich kenne noch einen weiteren „heiligen Ort" in Deutschland, jedoch von einer ganz anderen Art. In diesem Jahr werde ich mich nach 35 Jahren wohl davon verabschieden müssen. Ich war Student des Rabbineramts am Leo Baeck College, als ich zum ersten Mal das Hedwig Dransfeld Haus, das HDH, in einem Ort namens Bendorf besuchte, neun Kilometer entfernt von Koblenz. Es war ein Tagungszentrum und ein Kurort für Mütter, eingerichtet von katholischen Frauen. Nach dem Krieg war eine außergewöhnliche Frau dort Direktorin, Anneliese Debray. Sie öffnete das Haus für neue Richtungen. Zu jeglicher Art von Versöhnungsarbeit fühlte sie sich verpflichtet. Sie organisierte Tagungen, bei denen sich deutsche Familien mit französischen und polnischen Familien treffen konnten, in der Absicht, nach dem Krieg neue Beziehungen aufzubauen. In der gleichen Weise setzte sie sich für die Verständigung zwischen Deutschen und Juden ein. In diesem Zusammenhang besuchte ich erstmals das HDH. Aus diesem Besuch hat sich eine jährliche jüdisch-christliche Bibelwoche entwickelt, die in ihrer Mischung aus Textstudien und persönlichen Begegnungen einmalig ist. In diesem Sommer wurde der 35. Jahrestag gefeiert. Eine noch größere Herausforderung war das jüdisch-christlich-muslimische Studententreffen, das dort seit 30 Jahren stattfindet. Das ist eine außergewöhnliche Pionierleistung, die Generationen von Theologie-Studenten, Sozialarbeitern und Lehren aus Europa, Amerika und dem Mittleren Osten beeinflusst hat. Im vergangenen Jahr wurde diese Konferenz mit der Hermann-Maas-Medaille ausgezeichnet.

Frau Debray ist es gelungen, die Unabhängigkeit des Hauses zu bewahren, so dass auch weitere neue Bereiche erkundet werden konnten. Weder ihre Pensionierung noch ihr Tod vor einigen Jahren ließen dieses Ethos des Ortes vergehen, unter anderem die Beherbergung von gemischten Gruppen aus dem Mittleren Osten und aus Nordirland. Aber die Finanzlage war immer prekär und in diesem Jahr ist es Konkurs gegangen und nun geschlossen. Die beiden Tagungen, die dort ins Leben gerufen worden sind und die Gesinnung des HDH begründeten, sollen an einem neuen Ort weitergehen, auch wenn es einer langen Suche bedarf. Wo auch immer es wieder eröffnet wird, es wird Veränderungen geben, neue Möglichkeiten und neue Teilnehmer. So sollte es sein. Nichts im Leben ist statisch. Ausschlaggebend aber ist, dass der Geist des HDH mit in die neue Unterkunft einzieht.

Das Hedwig Dransfeld Haus hat eine Reihe von äußeren Annehmlichkeiten. Es gibt ein Schwimmbad und es liegt im schönen Wald. Aber keine dieser Eigenschaften hat seine Besonderheit ausgemacht. Die resultierte vielmehr aus der Großherzigkeit und dem persönlichen Einsatz derer, die dort arbeiteten. Sie kam aus dem Engagement derer, die das Haus über Jahre besucht haben, aus ihrem Bedürfnis zu lernen und daraus, dass sie das Risiko eingingen, sich anderen zu öffnen. Das alles hat dem Haus seine besondere Gesinnung gegeben und auch die Liebe, die man dort finden kann.

Ist es der Ort, der heilig ist oder sind es die Taten, die einen Ort heilig machen? Die Antwort liegt vermutlich irgendwo dazwischen. Aber von beiden Orten, von denen ich erzählt habe, kann man mit Jakob sagen: "Fürwahr, der Herr ist an dieser Stätte, und ich wusste es nicht!".

Jakob trifft Esau - Wajischlach Gen 32:4-36:43

Indem wir Jahr für Jahr am Sabbatmorgen die gleichen biblischen Geschichten lesen, werden sie Teil unseres eigenen Lebens. Sie lehren uns, wie wir uns verhalten sollen und noch häufiger wie wir uns nicht verhalten sollen. Durch diese Vertrautheit wissen wir schon am Anfang der Geschichte, was den handelnden Personen widerfahren wird. Aber sobald wir denken, dass wir alles über sie wissen, geschieht etwas, das unsere Sichtweise ändert und uns eine neue Seite entdecken lässt.

In dieser Woche lesen wir die dramatische Geschichte, in der Jakob sich schließlich seinem Zwillingsbruder Esau stellt. Zwanzig Jahre zuvor hatte Jakob das Erstgeburtsrecht gestohlen, das Esau zugestanden hätte. Aus Angst vor dem Zorn Esaus und unter dem Vorwand, sich eine Frau zu suchen, verließ Jakob dann das Elternhaus, um im Heimatland seiner Mutter ins Exil zu gehen. Nach vielen Erfolgen, aber auch Schwierigkeiten kehrt Jakob nun zurück. Gott hat ihm seinen Schutz zugesagt, aber vor ihm steht Esau mit vierhundert Mann. Aus Jakobs Sicht kann das nur bedeuten, dass sein Bruder sich für die Tat Jakobs vor vielen Jahren rächen will. Er versucht seinen Bruder zu besänftigen, indem er Geschenke vorausschickt. Aber er ergreift auch Vorkehrungen, um seine Familie im Fall eines Konflikts zu schützen. In der Nacht vor diesem Zusammentreffen kämpft Jakob mit einem anderen Mann, mit ihm ringt er bis zum Morgengrauen. Dieser unbekannte Mann - auch „mal'ach" genannt - das hebräische Wort für einen göttlichen Botschafter - kann tatsächlich von Gott gesandt worden sein. Vielleicht symbolisiert er aber auch einen inneren Konflikt von Jakob, der mit seiner Angst und Schuld aus der Vergangenheit ringt. Nun ist alles bereit für das Treffen der beiden Brüder und den Konflikt, den wir vorausahnen.

Zu unserer und sicherlich auch zu Jakobs Überraschung begrüßt Esau ihn mit einer Umarmung und einem Kuss. Es ist als ob die Vergangenheit, für die Jakob so viel Schuld empfand, niemals existiert hätte. Esau hat sie einfach akzeptiert und sein eigenes erfolgreiches Leben geführt. Er ist sogar bereit, seinen lange verlorenen Zwillingsbruder herzlich und freundlich zu empfangen. Was Jakob in diesem Moment empfand, wird nicht berichtet. Wir wissen nur, dass er dafür sorgte, die beiden Familien, samt Besitz und Gefolge noch für lange Zeit getrennt zu halten. Vielleicht traute er Esaus Freundlichkeit nicht, oder er dachte, dass sie enden und alte Erinnerungen wieder hervorkommen könnten. Vielleicht konnte aber auch eine komplexe Persönlichkeit wie Jakob nie verstehen, weshalb Esau ihm so offen und großzügig begegnen konnte.

Aber es gibt einen weiteren Aspekt, der Jakob gehindert hat, seinen Bruder zu verstehen. In den zwanzig Jahren im Exil hatte er das Bild eines zornigen und verzweifelten Bruders vor Augen. Dieses Bild von Esau, dem starken Jäger, hat in seiner Vorstellung geradezu überwältigende Ausmaße angenommen. Seine Schuld machte es Jakob unmöglich, seinen Bruder als das zu sehen, was er wirklich war. Esau hatte den Zorn hinter sich gelassen, Jakob trug immer noch an seiner Schuld.

Die rabbinische Tradition sah Esaus offensichtlichen Vergebungswillen und seine Großzügigkeit mit Argwohn. Zum Teil stützte sich das auf einen geschichtlichen Zusammenhang, der erst viel später stattfand. Als die Juden unter römischer Besatzung lebten, brauchten sie eine Art Code, um ihre Gefühle dem Regime gegenüber auszudrücken. Sie nutzten dafür die Figur Esaus. Die entsprechenden Bibelstellen maskierten Anspielungen über die Untaten der Römer. Als das Römische Reich christlich wurde und die Juden von dem neuen Regime verfolgt wurden, konnte Esau auch für diese Macht stehen.

So oft die Rabbinen den Namen Esau für diesen Zweck auch zu Recht gebraucht haben mögen, so müssen wir doch auch ein Problem sehen, zumindest in der biblischen Geschichte selbst. Die Darstellung Esaus als

Bösewicht in dieser Geschichte ist eine ernste Verschiebung der Verantwortung Jakobs für die Geschehnisse. Heute sehen wir eher eine andere Gefahr: Sie macht die Opfer selbst für ihr Schicksal verantwortlich und entlastet damit den Täter. Die Rabbinen argumentierten, dass ein biblischer Text niemals seine eigentliche Bedeutung verliert, egal wie die Tradition ihn später interpretieren mag. Das ist die Sichtweise, die ich zu dieser bekannten Geschichte beisteuern möchte.

Lange vor der rabbinischen Interpretation fand die Geschichte über den Konflikt zwischen Jakob und Esau weitere Resonanz in der Hebräischen Bibel selbst. Als Esau herausfand, dass Jakob ihn um sein Erstgeburtsrecht betrogen hatte, schrie er laut und verbittert: „vayitz'aq tz'aqah g'dolah oomarah!" Genau diese Worte tauchen nur noch einmal in der Hebräischen Bibel auf, im Buch Esther. Als Mordechai, der Held dieser Geschichte, herausfindet, dass der Bösewicht Haman plant, die Juden zu vernichten, läuft er durch die Stadt und stößt genau diesen lauten und bitteren Schrei aus: „vayiz'aq z'aqah g'dolah oomarah!" Für den biblischen Autor des Buches Esther musste Esaus Leiden gleichgesetzt werden mit dem von Jakobs Nachfahren, als sollten die Verfehlungen der Vergangenheit damit ausgeglichen und schließlich getilgt werden. Aber die Verbindung zwischen diesen beiden Geschichten ist sogar noch enger, aufgrund der hintergründigen Beziehungen, die sich durch die ganze Bibel ziehen.

Aus einem der Stammbäume im Buche Genesis wissen wir, dass ein Enkel Esaus Amalek heißt. Als die Israeliten durch die Wüste ziehen, werden die älteren und schwächeren, die sich am Rande des Lagers befinden, von den Amalekitern angegriffen. Für diese inakzeptable Gewalttat wird Amalek als Feind Gottes und des Volkes Israel dargestellt. Generationen später wird es König Saul nicht gelingen, die Amalekiter nach einer Schlacht zu vernichten, weil er ihren König Agag verschont. Damit verwirkt Saul sein Thronrecht. Aber um zum Buch Ester zurückzukehren: Der Haman, der die Juden vernichten will, wird als Agagiter bezeichnet, ein Nachfahre des Königs Agag der Amalekiter. Die alte Schlacht wird im Buch Ester erneut ausgetragen. Es scheint, als ob ein Familienstreit aus der Vergangenheit niemals ganz verstummt ist. Tatsächlich ist die Geschichte voll von Familienfehden, die für Generationen ruhen, nur um wieder auszubrechen, sobald die historischen Umstände sich ändern. Diese Geschichten bieten wenig Trost, aber sie zeigen uns einige scheußliche Wahrheiten über menschliche Auseinandersetzungen.

Aber das alles liegt noch in der Zukunft. Wir befinden uns jetzt in dem Moment, als Jakob auf Esau trifft. Als Leser haben wir bisher die ausführliche Geschichte Jakobs verfolgt, denn er ist der Stammvater des Volkes. Mehr noch, die Bibel hinterfragt die Vielschichtigkeit unserer Beziehung zu Gott und die Art, wie jemand sich mit der Zeit verändert und wächst. Jakobs Reisen und Kämpfe geben uns viel zu denken. Aber der Fokus auf Jakob sollte uns nicht von der Bedeutung Esaus ablenken. Denn es ist Esau, dem es gelingt, seinen berechtigten Zorn in etwas anderes zu verwandeln: Er gestaltet sein eigenes Leben erfolgreich und ist sogar zwanzig Jahre später fähig, seinen Bruder, mit Großzügigkeit und vielleicht sogar Liebe wieder aufzunehmen. Wie so häufig in der Hebräischen Bibel ist es eine Nebenfigur, die uns hilft, die Bedeutung der Geschichte zu begreifen. Jakob mag im Mittelpunkt unserer Aufmerksamkeit stehen, aber es ist Esau, der uns die Hoffnung gibt, dass es Konflikten und Täuschungen zum Trotz in der Vergangenheit immer die Möglichkeit der Vergebung und Versöhnung zwischen Menschen gibt.

Joseph und der Pharao - Mikez Gen 41:1-44:17

Die Josephs-Geschichte liest sich zunächst wie ein Märchen. Ein stattlicher junger Held – von seiner Familie schlecht behandelt und zu unrecht beschuldigt und eingesperrt – wird plötzlich vor den König gerufen. Seine Talente werden schließlich erkannt und er wird mächtig. Es ist eine urtypische Geschichte und jede Gesellschaft entwickelt ihre eigene Version davon. In der Hollywood-Fassung sieht der Umschwung so aus: Die Titelheldin bricht sich ein Bein und die Zweitbesetzung wird über Nacht zum Star.

Natürlich hat die biblische Geschichte ihre eigenen Nuancen und Schwerpunkte. Josephs Schicksal wird durch die ganze Geschichte hindurch angedeutet. Er ist der Lieblingssohn von Jakob. Obwohl er ein Außenseiter ist, wird er aufgrund seiner administrativen Fähigkeiten der Günstling seines ägyptischen Herren, Potiphar. Er wird auch von der Frau des Potiphar geschätzt, jedoch aus anderen Gründen. Als sie ihn beschuldigt, er habe versucht, sie zu vergewaltigen, kommt er ins Gefängnis und wird Favorit des Hauptmanns der Wache.

Die biblische Geschichte von Josephs Aufstieg zur Macht ist bekannt. Der Pharao, König von Ägypten, hat zwei Träume. Im ersten steigen sieben fette Kühe aus dem Nil, gefolgt von sieben mageren Kühen. Sie verschlingen die ersten, aber dennoch bleiben sie unverändert mager. Im zweiten Traum werden ebenso sieben fette Ähren von sieben mageren Ähren verschlungen. Überraschenderweise scheinen die Weisen des Pharao nicht in der Lage zu sein, diese Träume zu deuten. Vielleicht wollte auch niemand die Träume des Pharao deuten – Herrscher mögen es nicht, schlechte Nachrichten zu erhalten und könnten den Überbringer töten.

Der Beifall für Josephs Deutung ist auch verwunderlich, da der Traum ziemlich klar ist. Der Nil, aus dem die Kühe auftauchen, war die Quelle für die Nahrungsversorgung in Ägypten und Korn war Teil der Grundnahrungsmittel. Die Warnung vor einer kommenden Hungersnot war eine nahe liegende Interpretation. Joseph hat zwei Jahre auf eine solche Gelegenheit gewartet und er verliert keine Zeit. Über die Deutung hinaus macht er den Vorschlag, der Pharao solle einen Mann beauftragen, in den guten Jahren einen Teil der Ernte einzusammeln, um einen Vorrat für die Hungerjahre anzulegen.

Interessanterweise sind unter den Zuhören, die diesem Rat zustimmen, nicht mehr die 'Weisen'. Stattdessen wird der Pharao von seinen 'Dienern', vermutlich seinen politischen Beratern, begleitet. Diese Aufgabe verlangt nach anderen Fähigkeiten, denn sie ist von großer politischer Tragweite. Josephs Vorschlag läuft darauf hinaus, das Volk mit einer hohen neuen Steuer – einem Fünftel der Ernte – zu belegen, begründet mit einer möglichen Hungersnot viele Jahre später. Ob der prophetische Traum sich bewahrheitet oder nicht, der Pharao will auf der sicheren Seite sein, auch wenn er damit sein Volk vor den Kopf stößt. Der Pharao bestimmt Joseph als den richtigen Mann für diese Aufgabe. Vermutlich spielt dabei auch eine Rolle, dass es ihm zuvor gelungen war, Reichtum für Potiphar zu erwirtschaften. Joseph hat die Katastrophen glücklich überstanden und ist mächtig geworden, wie es ihm lange zuvor in den Träumen verheißen worden war, die er seinem Vater und seinen Brüdern erzählt hat.

Aber gibt es einen Haken bei all diesen Ehren? Joseph wird der erste von vielen jüdischen Menschen, die eine hohe Position im Dienste eines Herrschers erreichen. Die Gefahren einer solchen Position sind klar, denn trotz der scheinbaren Macht ist die Situation sehr heikel. Eine Laune des Königs kann ihn ernennen und eine andere Laune kann ihn wieder entthronen. Darüber hinaus ist Joseph noch auf andere Weise ge-

fährdet, denn er ist der Mittler zwischen Herrscher und Volk. Er ist der Mann, der die hohe neue Steuer eintreibt, die dem Volk auferlegt worden ist in den sieben Jahren des Überflusses, und es ist wahrscheinlich, dass er das Ziel ihres Unwillens wird. Er wird derjenige sein, der die Lebensmittel in der Hungerzeit verteilt und so zum Gegenstand von Weiterem Unmut. Er ist das sichtbare Antlitz des Regimes und somit der potentielle Adressat öffentlicher Unzufriedenheit. Er kann jederzeit vom Pharao fallengelassen werden, wenn die politischen Gegebenheiten es erfordern oder aber um dem Volk einen Sündenbock anzubieten. Die Rabbiner haben gewarnt:
Hüte dich vor den Mächtigen, denn sie lassen niemanden an sich herankommen, es sei denn, es ist in ihrem Interesse. Sie scheinen Freunde zu sein, wenn es zu ihrem Vorteil ist, aber sie stehen den Menschen nicht bei, wenn sie sie brauchen. (Pirke Avot 2:3)

Und dennoch funktioniert es in diesem Fall und das außergewöhnlich gut zu Josephs Lebzeiten. Mit dem Segen des Pharao ist es ihm gestattet, seine gesamte Familie nach Ägypten zu holen, und sich dort mit ihr niederzulassen. Obwohl Joseph und seine Familie in Ägypten integriert waren, waren sie doch nicht gänzlich assimiliert. Joseph erhielt vom Pharao einen ägyptischen Namen, aber er hat seinen hebräischen Namen beibehalten. Obwohl er eine ägyptische Frau geheiratet hat, werden seine Kinder zu den Ahnen der zwölf Stämme gezählt. Die Ägypter haben respektiert, dass Joseph nach anderen Geboten lebte, und erlaubten ihm, gesonderte Regelungen zu treffen. Es gab keine Bestrebungen, seiner Gruppe von Immigranten und seinen Kindern eine ägyptische Leitkultur aufzudrängen. Aber die Ägypter waren selbstbewusst und stolz auf ihre Kultur und hielten es nicht für nötig, sie anderen aufzudrängen.

Aufgrund der Bereitschaft des Pharao, Joseph so zu akzeptieren, wie er war und die Fähigkeiten, die er mitbrachte, zu begrüßen, ist er in die biblische Geschichte eingegangen als eine weise und tolerante Person.

Aber es gab einen späteren Pharao, der Joseph nicht kannte. Er stachelte sein Volk gegen diese Fremden auf, indem er auf die verbreitete Furcht setzte, dass sie gefährlich sein könnten. Das war nur ein kleiner Schritt auf dem Wege dazu, die Israeliten zu versklaven und eine heimliche Kampagne zu beginnen, die zum versuchten Völkermord führen sollte. Wegen all seiner manipulatorischen politischen Fähigkeiten wird man sich an diesen späteren Pharao immer als einen bösen und dummen Mann erinnern. Das Ergebnis seines Plans und seiner Aktivitäten war, dass er Tod und Tragödie über sein eigenes Volk und sich selbst gebracht hat.

Das Spielen mit Ängsten und Vorurteilen für politische Zwecke ist immer gefährlich, weil die geweckten Emotionen nicht einfach kontrolliert werden können. Diejenigen die diese politische Karte spielen, verlieren am Ende ihre Reputation und den Respekt ihrer eigenen Leute. Der Pharao wurde absolut isoliert und sein Volk verlor für immer den Beitrag, den die Nachfahren von Joseph dem Volk hätten bringen können. Was für eine Tragödie, dass Europa diese Lektion nach all der Zerstörung im vergangenen Jahrhundert, hervorgerufen durch aufgeschürten Hass gegen die 'anderen', noch immer nicht gelernt zu haben scheint.

Konkurrenz unter Brüdern - Wajigasch Gen 44:18-47:27

Die heutige Geschichte liest sich wie eine Episode aus einer Seifenoper. Ein älterer Mann hat eine Reihe von Söhnen, seine besondere Zuneigung aber gilt dem jüngsten. Die älteren Brüder sind eifersüchtig. Sobald sich die Möglichkeit ergibt, entführen sie ihn und verkaufen ihn an Sklavenhändler, die ihn in ein anderes Land bringen. Dem Vater täuschen sie vor, dass sein geliebter Sohn tot sei. Jahre später kommt der junge Mann zu einigem Einfluss in seinem neuen Land. Als seine Brüder in ihrer Heimat unter einer großen Dürre leiden, kommen sie in dasselbe Land, um dort Nahrung zu kaufen. Sie treffen den Mann, der den Verkauf und die Verteilung überwacht, erkennen ihn jedoch nicht als den lange verlorenen Bruder. Statt sich erkennen zu geben, wendet ihr Bruder eine Reihe von verletzenden Tricks an, von denen einige ganz eindeutig den Vater treffen sollen. Denn wenn sein Vater ihn wirklich geliebt hat, warum hat er ihn dann in all den Jahren seit seinem Verschwinden nicht gesucht? Schließlich gibt sich der jüngste Sohn seinen Brüdern gegenüber doch zu erkennen, er vergibt ihnen, trifft seinen Vater und alle scheinen glücklicher zu sein als je zuvor. Um der Geschichte eine gewisse Würze zu geben, gibt es da noch eine schöne Frau, die versucht, den jungen Mann zu verführen. Und um es spannender zu machen verbringt er einige Zeit im Gefängnis und als er gerade entlassen werden soll, werden seine Hoffnungen zerstört. Er ist dazu verurteilt, weitere zwei Jahre zu warten, bevor sich sein Schicksal endlich zum besseren wendet.

Natürlich ist dies die biblische Geschichte über das Leben Josephs, dem Sohn des Patriarchen Jakob. Sie zieht sich durch fast 14 Kapitel des Buches Genesis. Die Geschichte ist so dramatisch und attraktiv, dass Thomas Mann sie als Grundlage für einen großen Roman genutzt hat und sie außerdem zu einem erfolgreichen Musical verarbeitet wurde. Sie als Seifenoper zu bezeichnen, scheint angemessen.

In dieser Woche lesen wir in den Synagogen einen Ausschnitt der Geschichte, der einen der wichtigsten Wendepunkte darstellt. Darin löst Joseph eines der Rätsel, das ihn während seiner gesamten Zeit im Exil verfolgt haben muss. Joseph hat seine Brüder gezwungen, ihren jüngeren Bruder Benjamin nach Ägypten zu bringen, obwohl er wusste, dass das seinem Vater großes Leid zufügen würde. Dann hat er Benjamin unter einer falschen Anschuldigung verhaftet. Jetzt bietet sein Bruder Juda an, Benjamins Stelle einzunehmen. Dabei berücksichtigt er auch die Folgen dieser Ereignisse für seinen Vater Jakob. Aber er enthüllt auch etwas, das Joseph nicht wusste, nämlich warum sein Vater nicht versucht hat, ihn zu finden. Auch wie seine Brüder damit durchkommen konnten, ihn an Sklavenhändler nach Ägypten zu verkaufen. Erstmals hört er, dass man Jakob hat glauben lassen, Joseph wäre einem wilden Tier zum Opfer gefallen. Das muss seine schlimmsten Befürchtungen über die Hinterlist seiner Brüder bestätigt haben, aber es bedeutete auch, dass sein Vater die Wahrheit nicht kannte. Nur weil sein Vater glaubte, Joseph wäre getötet worden, hat er nicht nach ihm gesucht. Joseph ist nicht von seinem Vater im Stich gelassen, sondern von ihm wirklich geliebt worden.

Die Tatsache, dass Joseph die Wahrheit nicht kannte, erklärt auch, warum er niemals versucht hat, seine Familie zu besuchen oder auch nur Kontakt zu ihr aufzunehmen, nachdem er zu Einfluss gelangt war. Jetzt weint er. Vielleicht sind es Freudentränen aufgrund des Wiedersehens mit seiner Familie. Vielleicht sind es aber auch Tränen der bitteren Verzweiflung angesichts der vielen vergeudeten Jahre und des Leids, das er seinem Vater zugefügt hat. Seine Brüder werden nie sicher sein, ob Joseph ihnen vergeben hat. Solch ein Schmerz und Leid können niemals ganz vergehen, auch wenn er sehen kann, dass seine Brüder sich verändert haben.

Wir müssen uns bewusst machen, dass das Buch Genesis voll ist von Geschichten über die Rivalität zwischen Brüdern. Es beginnt mit Kain, der Abel ermordet und es beinhaltet die Spannungen zwischen Isaak und Ismael, Jakob und Esau. Wenigstens am Ende des Buches findet eine Art Aussöhnung zwischen Brüdern statt.

Ist es also legitim, die Josephs-Geschichte als „Seifenoper" zu beschreiben? Wird dadurch nicht etwas herabgesetzt, das Teil der Bibel selbst ist? Oder besser: was unterscheidet eine Bibelgeschichte von einer Seifenoper? Vielleicht sind biblische Geschichten die Gegenstücke zu Seifenopern in früheren Zeiten. Das bedeutet, sie erfüllen teilweise einen ähnlichen Zweck. Bibelgeschichten trugen die Erinnerung an die Geschichte des Volkes und an die Personen, die diese Geschichte gestaltet hatten. Das Erzählen solcher Geschichten hält die Erinnerung an die Personen wach. Es heißt, dass wir nicht wirklich tot sind, solange es noch jemanden gibt, der sich an uns erinnert. Aber die Erzählungen beinhalteten auch eine Art von Lehre für die jetzige Zeit. Wie die großen Figuren der Vergangenheit mit Ereignissen umgegangen sind, könnte ein Vorbild sein, wie man es heute machen sollte. Obwohl die Lehre manchmal zu sein scheint, dieselben Fehler nicht zu wiederholen. So boten die Geschichten auch einen gewissen Anschluss an die Vergangenheit der Familie oder des Stammes. Aber sie waren auch ein Hinweis für andere Mitglieder der Familie, die anderswo lebten. Was wir als Familie oder Gesellschaft teilen, hilft uns, uns zu verbünden.

Biblische Geschichten werden heute weder so häufig noch in der gleichen Weise gelesen wie in der Vergangenheit. Sicher wird unseren Kindern noch eine vereinfachte Version gelehrt, aber die biblischen Geschichten müssen mit den Augen eines Erwachsenen gelesen werden. Es gibt große Unterbrechungen in der Beziehung zwischen vergangenen Generationen und der heutigen offenen und größtenteils säkularen Gesellschaft. Alte Familienbande sind verschwunden. In unserer europäischen Gesellschaft leben die Menschen weit voneinander entfernt. Mehr noch, unsere säkularisierte Gesellschaft sieht die Bibel nicht mehr mit derselben Ehrfurcht, dem Respekt und der Autorität, die sie in der Vergangenheit hatte. In einer fragmentierten Welt ist die Seifenoper wichtiger, weil sie direkter reflektiert. Und tatsächlich beinhaltet sie ja oft Geschichten über Moral, menschliche Kämpfe und Niederlagen. Dennoch ist ein Unterschied wichtig. Bei Seifenopern sind wir passive Beobachter. Wir sind der Möglichkeit beraubt, uns selbst vorzustellen, was passiert. Wir brauchen noch nicht einmal die Disziplin zum Lesen aufzubringen, was uns zum Nachdenken über das Erzählte zwingen würde und darüber, was zwischen den Zeilen steht.

Wenigstens unsere jüdische Tradition, wöchentlich aus der Bibel zu lesen, hält uns beides, die Geschichte und den geschriebenen Text vor unsere Augen. So liegt es in unserer Verantwortung zu versuchen, die Geschichten zu verstehen und daraus zu folgern, welche Verbindung sie zu unserem Leben haben. Diese Art der Interpretation scheint in den Josephs-Geschichten abgebildet zu sein.

Es gibt etwas in den Josephs-Geschichten, das sie von den vorangehenden Geschichten der Patriarchen unterscheidet. In den Erzählungen über Abraham, Isaak und Jakob ist Gott sehr präsent, im direkten Kontakt zu ihnen und ihren Familienmitgliedern. In den Josephs-Geschichten taucht Gott niemals direkt auf, es wird nur über ihn gesprochen. In vielen Fällen erfahren wir von Gottes Handeln nur durch die Worte Josephs. So ist es beispielsweise Joseph, der im Rückblick auf sein Leben ein Muster erkennt, das sein Vertrauen in Gott stärkt. Nach dem Tod von Jakob beruhigt er seine Brüder indem er sagt: „Ihr gedachtet es böse mit mir zu halten, aber Gott gedachte es gut zu machen, um zu tun, was jetzt am Tage ist, nämlich ein großes Volk am Leben zu erhalten." Joseph begreift, dass sein Vertrauen auf Gott in den dunkelsten Momenten seines Lebens eine Bestätigung findet in seinem späteren Erfolg.

Wenn wir uns von der sagenumwobenen Welt der Patriarchen zu der Geschichte über die Nachfahren von Jakob bewegen, ist Gott nicht mehr so offensichtlich präsent. Das Wort Gottes erreicht uns durch besonders berufene Menschen, die Propheten. Oder anders gesagt: wir wenden uns denjenigen zu, die behaupten, die Taten Gottes für uns interpretieren zu können.

Die Josephs-Geschichte zeigt, wie Gott in das Leben eines einzelnen oder eines ganzen Volkes eingreifen kann - manchmal offensichtlich, manchmal versteckt. Das bestätigt die Präsenz Gottes, aber auch das quälende Geheimnis dieser Präsenz, die nur manchmal aufscheint. Eine gewisse Unschuld ist verloren gegangen. Wie bei Joseph ist es nun an uns zu entdecken, ob wir in den Höhen und Tiefen unseres Lebens die Gegenwart Gottes erkennen können. Wir sind unsere eigene Seifenoper - oder wir werden zu unserer eigenen biblischen Geschichte.

Der halsstarrige Pharao - Wa'era Ex 6:2-9:35

An diesem Schabbat lesen wir eine der wohl bekanntesten Geschichten der Bibel – wir lesen von den zehn Plagen, die Gott den Ägyptern auferlegt hat während des Ringens um die Entlassung der Kinder Israel aus der Gefangenschaft. Jede der Plagen baut auf der vorherigen auf und führt schließlich zum erschreckenden Höhepunkt, dem Tod der ägyptischen Erstgeborenen.

Wir lesen die Geschichte aus der Sicht des Moses und der Israeliten. Der Pharao hat ein Volk, das Gast in seinem Land war, nach und nach zu Sklaven erniedrigt. Er hat ihre Rechte durch eine Reihe von Gesetzen beschnitten, sie unterjocht durch die Arbeit, die er von ihnen verlangt hat, und eine Politik des heimlichen Völkermordes etabliert, die nur durch den Mut der Hebammen aufgehalten wurde. Er hat seinem Volk erlabut, die israelitischen Mitbürger zu vernichten. Gegen den Pharao stand nur die einsame Figur des Moses, scheinbar machtlos gegen die übermächtige Gestalt des Führers des größten Reiches jener Zeit.

Wir, die Leser, wissen, wie es weitergeht. Wir wissen, dass Israels Gott stärker ist und die ganze Gewalt der Natur aufbieten kann, um den Pharao zu besiegen. Als die Plagen schon weit vorangeschritten sind, fühlen wir Mitleid mit den Ägyptern. Es ist nicht der Pharao, der starrsinnig an seiner Meinung festhält, sondern sein Volk, das direkt darunter leidet, dass sich die Plagen verschlimmern. Aber natürlich resultiert daraus auch die Kraft der Geschichte – aus dieser Umkehrung der Situation, in der zuerst der Pharao die Karten in der Hand zu haben scheint. Wie viele Versuche, sich aus der Sklaverei zu befreien, haben in ihrem Kampf gegen die Unterdrückung Unterstützung und Inspiration aus dieser Geschichte gezogen.

Doch da wir von Anfang an wissen, dass Gott gewinnen wird, lesen wir die Geschichte mit anderen Augen. Denn eigentlich ist der Kampf zwischen Moses und dem Pharao eine anhaltende Auseinandersetzung zwischen denen, die Freiheit und Gerechtigkeit für sich selber suchen und einem Diktator, der nicht bereit ist, etwas von seiner Macht aufzugeben, welche Konsequenzen das auch immer haben mag. So gesehen finden wir uns selbst auf einem wohlbekannten Gebiet. Menschenrechte, ethnische Säuberungen und der Kampf gegen totalitäre Regime sind zentrale Themen für Europa an der Schwelle zu einem neuen Jahrhundert.

Gottes Absicht ist nicht allein, Pharao zu zwingen, die Israeliten gehen zu lassen, sondern die Macht Gottes auch in den Augen der Ägypter sichtbar werden zu lassen und mit ihr die Grundlagen der Gerechtigkeit. (Exodus 7:4) Um das zu erreichen, ist Gott bereit in diesem Fall ebenso zu manipulieren wie der Pharao. Das ist der Grund, warum Moses die Verhandlungen mit einem Zeichen beginnen soll, dass nicht überzeugen soll. Als Moses seinen Stab zur Erde wirft und dieser sich in eine Schlange verwandelt, führt er lediglich die Art von Zaubertrick vor, den Pharaos Magier leicht nachmachen können. Pharao wird von Anfang an in einer scheinbaren Sicherheit gewiegt, die letztendlich sein Untergang sein wird.

Aus dem gleichen Grund besteht Gott darauf dass Moses die erste Plage, die Verwandlung des Nilwassers in Blut, ausführt, indem er den gleichen Stab benutzt. (Exodus 7:15-17) Pharao sieht das als einen weiteren Trick, den seine eigenen Magier ebenso gut ausführen könnten. Sein Herz verhärtet sich und sein Widerstand wächst.

Erst bei der Froschplage – auch wenn seine Magier sie nachmachen könnten – scheint der Pharao seine Meinung zu ändern und gibt Moses Forderung nach, das Volk gehen zu lassen. Doch sobald die Plage vorüber ist, verhärtet sich sein Herz wieder. Wenn wir diese Ereignisse auf die heutige politische Situation übertragen, dann sind die ersten beiden Plagen die Gegenstücke zu eindrucksvollen Sanktionen gegenüber einem Land, um seine Regierung zu zwingen, die Menschenrechte einzuhalten. Sobald die ersten beiden Sanktionen sich auf die Wirtschaft auswirken, ist die Regierung bereit, in Verhandlungen einzutreten. Das ist der Zeitpunkt, zu dem beide Seiten einander testen, um herauszufinden, wie stark ihre Willenskraft auf kurze oder lange Sicht ist. Deshalb ist es keine Überraschung, dass der Pharao in dem Moment sein Herz wieder verhärtet, als Gott die Froschplage aufhebt. (Exodus 8:11) Richtig, Pharao hat Schwäche gezeigt, als er darum bat, die Plage aufzuheben, aber er hat immer noch große Macht. Aus seiner Sicht ist er der Gewinner der ersten Runde.

Sein scheinbarer Erfolg gibt ihm die Kraft, der nächsten Plage, den Mücken, zu widerstehen, selbst als die Magier sie nicht aufheben können. Sie sagen es sei der 'Finger Gottes', womit sie vermutlich eine Naturkatastrophe meinen, die sie mit ihrer Magie nicht kontrollieren können. Pharao ist nicht beeindruckt.

Die Plagen kommen in Dreiergruppen. Vor jeder Gruppe warnt Moses den Pharao und jede Plage ist schlimmer als die vorherige. Bei der nächsten Plage, der Pest, ist der Pharao bereit, erste Zugeständnisse zu machen. Ja, die Israeliten dürfen ihren Gott anbeten, jedoch nur in Ägypten. Moses verhandelt weiter, besteht darauf, dass die Israeliten das Gebiet verlassen dürfen und der Pharao stimmt zu – nur um seine Meinung wieder zu ändern sobald die Plage aufgehoben ist.

Wieder ist die Ähnlichkeit mit Sanktionen deutlich. Es gibt immer eine große Debatte – soll man die Sanktionen lockern, sobald die tyrannische Regierung anbietet, ernsthaft zu verhandeln oder soll man den Druck aufrechterhalten, bis die Angelegenheit völlig geklärt ist? In diesem Fall sieht der Pharao die Aufhebung der Plage wiederum als Zeichen der

Schwäche oder zumindest als Gelegenheit, seine Autorität und Kontrolle wiederherzustellen und er bricht sein Versprechen.

Dieses Muster führt zu einigen unvermeidlichen Folgen. Es ist nicht der Pharao, der leidet, sondern sein Volk als das Getreide vernichtet, die Lebensgrundlage zerstört und Menschen von Krankheiten befallen werden. Lange bevor der Pharao bereit ist, zuzuhören, hat sein Volk die Macht des Gottes Moses erkannt und seine Berater warnen ihn aufzugeben bevor alles zerstört ist. Nur der Pharao hält durch bis zur letzten Sanktion, einem brutaler Akt des Krieges, dem Mord an den Erstgeborenen der Ägypter.

In dieser Geschichte gibt es zehn Stufen zu solch einer Verhandlung und jedes Mal gibt es die Möglichkeit von Übereinstimmung und Lösung. Physische Gewalt ist nur der letzte Schritt, als alles andere erfolglos war. Wie gewöhnlich ist es das einfache Volk, das leidet, während seine Führer die Risiken in Kauf nehmen, an ihrer Macht festhalten und immer selbstherrlicher und isolierter werden.

Die biblische Geschichte bietet keine tröstliche Lösung. Sie zeigt uns die Realität menschlicher Torheit und Konflikte und überlässt es uns, daraus zu lernen, was wir können und zu tun, was wir müssen. Wieder werden wir von den Opfern verfolgt, Visionen vom Tod von Kindern – die israelitischen Babys, die in den Nil geworfen wurden und den ägyptischen Erstgeborenen, erschlagen im Dunkel der Nacht. Was für eine bessere Mahnung an unsere Verantwortung gegenüber der nächsten Generation könnte es geben? Welchen besseren Text um uns zu fordern zu Beginn eines neuen Jahres, eines neuen Jahrhunderts, eines neuen Jahrtausends?

Tägliche Wunder - Bo Ex 10:1-13.16

Die Thora-Lesung dieser Woche beschreibt den Kampf zwischen Moses und dem Pharao über die Freilassung der Kinder Israels aus der Sklaverei in Ägypten. Gegen die militärische Macht des Pharaos setzt Moses die Kraft des göttlichen Wortes. Diese Macht zeigt sich durch eine Reihe von Plagen, die über die Ägypter hereinbrechen, jede einzelne schlimmer als die vorangegangenen. Als Höhepunkt werden alle Erstgeborenen der Ägypter in einer einzigen Nacht getötet, eine Strafe, die dem Mord an den Söhnen der Israeliten entspricht.

Die zehn Plagen zählen zu einer Serie von Wundern, die diese Phase der biblischen Geschichte kennzeichnet. Dem Exodus aus Ägypten folgt die wundersame Durchquerung des Schilfmeeres, als das Wasser sich teilt und den Israeliten erlaubt, es trockenen Fußes zu durchqueren. Aber das Wasser kommt zurück und vernichtet die Armee des Pharaos. Danach wandern sie durch die Wüste, ernährt von Manna, das jeden Tag vom Himmel fällt. Den Höhepunkt stellt das Zusammentreffen mit Gott am Berge Sinai dar.

Wie sollen wir diese wundersamen Ereignisse verstehen? Greift Gott tatsächlich so direkt in die menschlichen Geschicke ein, indem er übernatürliche Wunder vollbringt? Und wenn er es manchmal tut, warum dann nicht zu anderen Zeiten? Leider gibt es immer Menschen, die Gott hinter jedem Unglück sehen, das jemanden trifft – und genau erklären können, womit derjenige das verdient hat. Die Rabbinen wenden sich gegen diese Argumentation, indem sie sagen: Verurteile niemanden, bevor du nicht an seiner Stelle gestanden hast.

Eine andere, aber sehr verbreitete Herangehensweise an diese Wunder ist die Frage: Waren die zehn Plagen wirklich Wunder oder lediglich eine Reihe von Naturkatastrophen, die später als Wunder gedeutet wurden? Es gab sicherlich Ansätze, die ägyptischen Plagen logisch zu erklären. Ein großer Erdrutsch verschmutzte das Wasser des Nils und ließ es rot werden – die erste Plage, Blut. Weil das Wasser vergiftet war, mussten die Frösche in großer Zahl an Land gehen – die zweite Plage. Sie verendeten an Land und ihre verwesenden Kadaver lockten Insekten an – die dritte Plage. Die wiederum verursachten die Erkrankung des Viehs – und so geht es weiter. Ebenso könnte man die Durchquerbarkeit des Schilfmeeres aus den Folgen einer ungewöhnlichen Flutwelle erklären.

Doch den größten Teil der vergangenen 2000 Jahre haben diejenigen, die die Bibel als Offenbarung Gottes verstehen, diese Ereignisse und viele andere als Wunder angesehen. Sie mussten als göttliches Eingreifen akzeptiert werden und kein wahrer Gläubiger würde sie in Frage stellen.

Aber es gibt einen Handlungsstrang in der Bibel selbst, der einen gewissen Skeptizismus zeigt – nicht bezüglich der Wunder selbst, aber bezüglich ihrer Bedeutung und bleibenden Wirkung. Der Prophet Eliah beschwört ein großes Wunder herauf, als er den heidnischen Gott Baal zu einem Wettstreit der Götter herausfordert. Es werden zwei Altäre für Tieropfer errichtet. Aber statt sie in Brand zu setzen erflehen die Opfernden Feuer vom Himmel, um die Tiere zu verzehren – direkt von Baal oder von Israels Gott. Baal versagt bei dieser Aufgabe. Und obwohl Eliah die Tiere mit Wasser übergießt schickt Gott Feuer, das sie verzehrt. Es war ein echtes Wunder und alle, die es sahen waren beeindruckt und lobten Gott. Aber schon ein Kapitel später beklagt sich Eliah, dass das Volk von Gott abgefallen sei und er allein gläubig sei. Tatsächlich will er seine Berufung zum Propheten aufgeben. Wunder können dramatisch sein, aber haben sie einen bleibenden Einfluss auf die Menschen? Einige Tage nach dem Zusammentreffen mit Gott am Berge Sinai beten die Israeliten das goldene Kalb an.

Die rabbinische Tradition versuchte, den Glauben daran zu begrenzen, dass Gott immer bereit ist, Wunder zu tun. Sie lehrten, dass viele wundersame Ereignisse wie Balaams sprechender Esel im Zwielicht zwischen dem Ende des sechsten Schöpfungstages und dem Beginn von Schabbat entstanden sind. Ebenso waren Wunder wie die Teilung des Schilfmeeres und der Stillstand der Sonne für Joshua schon bei der Erschaffung der Welt angelegt und reserviert für den Moment, in dem sie benötigt würden. Da er die Welt und ihre Naturgesetze erschaffen hatte, würde Gott sie nicht willkürlich stören.

Ein mittelalterlicher Rationalist wie Moses Maimonides könnte sagen, dass der Esel, der zu Balaam sprach, nur in seiner prophetischen Vorstellung existierte, nicht in der Realität. Wie oft im Judentum trennt unsere Tradition zwischen denen, die die fromme, mystische Interpretation vorziehen und denen, die die rationale und logische Deutung bevorzugen.

Es gibt eine schöne Geschichte, die deutlich macht, welch unterschiedliche Folgen die verschiedenen Ansätze haben: Eine Stadt droht überschwemmt zu werden und alle Einwohner werden aufgefordert, sie zu verlassen. Alle tun es, bis auf einen älteren frommen Juden, der darauf besteht, in seinem Haus zu bleiben. Als ein Polizeiauto kommt, um ihn zu evakuieren, weigert er sich und sagt: Ich vertraue darauf, dass Gott mich rettet. Die Polizisten gehen. Die Flut steigt und er muss in den ersten Stock seines Hauses fliehen. Ein Rettungsteam in einem Ruderboot kommt vorbei und fordert ihn auf, aus dem Fenster in das Boot zu klettern. Aber er lehnt wieder ab und sagt: Ich vertraue darauf, dass Gott mich rettet. Das Wasser steigt so hoch, dass er auf das Dach klettern muss. Aus einem Hubschrauber wirft man ihm ein Seil zu, aber er zeigt sein Gottvertrauen und sagt: Ich vertraue darauf, dass Gott mich rettet. Das Wasser steigt weiter und er ertrinkt. Als er in den Himmel kommt, ist er wütend und beklagt sich bei Gott: ich war mein Leben lang ein gottesfürchtiger, frommer Jude und vertraute darauf, dass Du bei mir sein würdest, wenn ich Dich brauche. Gott antwortet: Aber, ich habe dir ein Polizeiauto geschickt, ein Boot und einen Hubschrauber, um dich zu retten!

Was sind also Wunder? Die jüdische Tradition sieht Wunder darin, dass wir jeden Morgen aufwachen, dass die Welt sich normal dreht, dass die Jahreszeiten kommen und gehen und dass das Leben mit dem Tod endet, sich aber in der nächsten Generation erneuert. Dies sind erstaunliche Ereignisse, die wir wahrnehmen und feiern sollten als Beweis für Gottes tägliche Sorge um die Welt. Es muss nur eine Störung geben in der grundlegenden Organisation unseres Lebens, um uns erkennen zu lassen, wie abhängig wir von der geregelten Beschaffenheit des Universums sind, sei es die Natur selbst oder die menschliche Gesellschaft. Um uns daran zu erinnern, heißt es in einem unserer täglichen Gebete: „Wir loben dich für unser Leben, das in deine Hand gegeben ist, und für unsere Seele, die dir anvertraut ist; für die Zeichen deiner Gegenwart, die uns täglich umgeben, für die Wunder und Wohltaten zu jeder Zeit, abends, morgens und mittags.

Hillel lehrte: "Das Geschenk des täglichen Brotes für die Menschen ist ein ebenso großes Wunder wie der Durchzug durch das Schilfmeer."

Wer ist Jitro? - Jitro Ex 18:1-20:23

Die Thora-Lesung dieser Woche trägt den Namen von Jitro, dem Schwiegervater von Moses. Er tritt im ersten Teil, im 18. Kapitel des Buches Exodus, auf und rät Moses, wie er dem Volk eine bessere Rechtstruktur geben kann. Jitro wird bezeichnet als Priester von Midian, was bedeutet, dass er weder Israelit ist, noch dem Gott der Israeliten huldigt. Deshalb ist es erstaunlich, dass die ganze Thora-Lesung seinen Namen trägt, zumal sie zwei Ereignisse enthält, die ausschließlich Israel gelten – die Offenbarung am Berg Sinai und die Gabe der Zehn Gebote. Das warf für die Rabbinen eine Reihe von Fragen auf, über den Charakter Jitros und über die Rolle, die er spielte.

Eine Sichtweise war sehr negativ. Die Rabbinen zählten ihn zu den Beratern des Pharao, gemeinsam mit Balaam, dem Propheten, der versuchte, Israel zu verfluchen. Damit hätte Jitro geholfen, den Mord an den Erstgeborenen der Israeliten zu planen. Aber in einer anderen Geschichte rettet er Moses das Leben. Als Moses noch ein Kind war, saß er auf dem Schoß des Pharao und versuchte, die Krone vom Kopf des Pharao zu nehmen. Pharao wollte Moses daraufhin als möglichen Thronräuber töten lassen. Doch Jitro ersann einen Test, der beweisen sollte, dass Moses, so wie alle Kinder, lediglich glitzernde Dinge mochte und sein Handeln völlig unschuldig war.

Was ist mit dem religiösen Status von Jitro als Priester von Midian? Auch hier hatten die Rabbinen völlig gegensätzliche Ansichten. Ein Text besagt, dass er nicht nur einen Götzen anbetete, sondern dass er enthusiastisch jede denkbare Form der Götzenanbetung ausprobierte. Aber auch hier gibt es die entgegen gesetzte Meinung, dass er vom Gott Israels so inspiriert war, dass er konvertierte und er dann sein ganzes Volk dazu brachte, ebenfalls den einen Gott anzubeten.

Es gibt noch eine Position zwischen diesen beiden Extremen, nämlich, dass Jitro im besten Fall ein Pragmatiker war, im schlechtesten Fall ein Opportunist. Als der Pharao mächtig war, arbeitete er für den Pharao und als Moses Erfolg hatte, wechselte er wieder auf die Gewinnerseite.

In der Bibel selbst taucht diese Frage nicht auf und Jitro wird positiv dargestellt. Er war bereit, Moses aufzunehmen, als er aus Ägypten floh. Gemäß der Midrasch hat Jitro Moses sogar zehn Jahre lang versteckt. Seine Tochter Zipporah brachte ihm jeden Tag zu essen bis er endlich wieder sicher aus seinem Versteck auftauchen konnte. Andererseits weist der biblische Text auf einen ganz anderen möglichen Grund für Jitros Freundlichkeit gegenüber dem Fremden hin, denn er hatte immerhin sieben unverheiratete Töchter, die Ehemänner brauchten. In Bezug auf ihre religiösen Differenzen ist Jitro so umsichtig, seine Ratschläge zur Gestaltung der israelitischen Gesellschaft mit den Worten zu beschließen: wenn Gott dir befiehlt. Tatsächlich bietet die Beziehung zwischen den beiden Männern ein Beispiel für den interreligiösen Dialog: Gegenseitige Beratung und Unterstützung.

Am Ende des 18. Kapitels heißt es, dass Moses Jitro fortschickte und er in sein Land zurückkehrte. Da erst das nächste Kapitel die Vorbereitungen für die Offenbarung am Berg Sinai beschreibt, deutet das darauf hin, dass Jitro schon fort war, als es geschah. Aber die Rabbinen weisen darauf hin, dass die Bibel nicht immer chronologisch ist, deshalb ist es auch möglich, dass Jitro an diesem Wendepunkt der Religionsgeschichte noch anwesend war. Wenn er dabei war, dann bestätigt das, dass die Offenbarung nicht nur auf das jüdische Volk beschränkt war. Die Rabbinen bestehen sogar darauf, dass die Thora in der Wüste am Sinai übergeben wurde, weil sie nicht nur für ein bestimmtes Volk bestimmt war und so keiner exklusive Besitzansprüche stellen konnte.

Aus der Bibel geht nicht hervor, ob Jitro bei der Offenbarung am Berg Sinai anwesend war. Dadurch, dass die Lesung dieser Woche nach ihm benannt ist, ist er jedoch in unserem Denken für immer mit diesem Schlüsselereignis verbunden, das die geistlichen Aufgaben des jüdischen Volkes bestimmt. Das bedeutet, dass wir versuchen müssen, die Partner derer zu sein, die sich als spirituelle Nachfolger dieses Ereignisses sehen.

Wählt Richter aus! - Jitro Ex 18:1-20:23

Die Lesung dieser Woche bietet uns die Gelegenheit, darüber nachzudenken, welche Menschen wir mit Führungsaufgaben betrauen. Als Jethro, der Schwiegervater Moses, das Lager der Israeliten besucht, trifft er auf Moses, der Streitfälle schlichtet, die ihm die Leute vortragen. Ein wenig effektives System, das die Menschen frustriert und Moses erschöpft. Jethro schlägt ihm deshalb vor, Männer zu suchen, die als Richter fungieren können, eine niedere und eine höhere Gerichtsbarkeit einführen. Alle Rechtsfragen könnten so schnell und effektiv bearbeitet werden. Moses würde als höchste Rechtsinstanz eingeschaltet, wenn Fälle auf einer niedrigeren Ebene nicht gelöst werden können. Als Basis einer neuen demokratischen Gesellschaft der Israeliten muss deshalb zunächst eine unabhängige Gerichtsbarkeit eingeführt werden.

Aber wer wählt die Richter aus, die eine solche Verantwortung tragen? Jethro erstellt eine Liste mit Anforderungen an die möglichen Kandidaten. Sie beinhaltet vier Kriterien, die erläutert werden müssen. Zunächst ist da „anshei chayil", was wörtlich übersetzt soviel wie „mächtige Männer" bedeutet. Das Wort „chayil" kann dabei alles von körperlicher Stärke, Gesundheit bis zu Tugend bedeuten. Moderne Übersetzungen sprechen von „tüchtigen Männern", die in der Lage sind, einer solch großen Verantwortung gerecht zu werden. Die großen Kommentatoren des Mittelalters glauben, es müssen reiche Männer sein, die niemanden fürchten und deshalb objektiv in ihrem Urteil sind.

Die zweite Anforderung, die Jethro stellt ist: „yir'ei elohim", was wörtlich übersetzt „Menschen, die Gott fürchten" heißt. Hier muß man auf die Bedeutung beider Wörter sehen. Das hebräische Verb „yarei" hat zwei Bedeutungen: „fürchten", aber auch „Ehrfurcht haben". Jemand, der „Gott fürchtet" hat nicht einfach Angst, aber er ist voller Respekt und Bewunderung für die Macht Gottes. Aber auch das Wort „elohim", eines der hebräischen Wörter für Gott, hat noch weitere Bedeutungen. Bei zwei Gelegenheiten gibt Abraham vor, seine Frau sei seine Schwester, um sie vor der möglichen Entführung durch einen fremden König zu bewahren. Er begründet das mit der mangelnden „Ehrfurcht vor Gott" in der fremden Gesellschaft und meint damit den Mangel an grundlegenden moralischen Werten. In dieser Gesellschaft galten keine Gesetze. Jethros zweite Anforderung ist also: Wer soviel Macht und Autorität besitzt, muss feste Moralvorstellungen haben.

Der nächste Punkt ist „anshei emet", „Männer, die wahrhaftig sind". „Emet, „Wahrheit" leitet sich von dem bekannten Wort „Amen" ab, etwas das „fest" ist, auf das du dich verlassen kannst. Diese Anforderung bezieht sich also auf Menschen, auf deren Wort man sich verlassen kann, die vertrauenswürdig sind und nicht lügen.

Das letzte Kriterium Jethros ist entscheidend für das Amt eines Richters. Die Personen sollen „son'ei vatza" sein, wörtlich übersetzt „Menschen, die Bestechung hassen" oder jede andere Möglichkeit, auf ungesetzliche Weise zu Geld zu kommen. Die frühen Rabbinen haben diesen Punkt sogar noch weiter untersucht. Sie meinten, dass der wahre Richter nicht nur Bestechung verabscheuen sollte, sondern sich auch nicht zu sehr um sein persönliches Wohl sorgen sollte. Sie lehrten auch, dass nicht zum Richter bestimmt werden darf, wer gerichtlich gezwungen worden war seine Schulden zu begleichen.

Moses akzeptierte diese Vorschläge Jethros und machte sich daran, die richtigen Kandidaten zu finden. Doch die Bibel kommt zu einem überraschenden Ergebnis. Das zeigt sich in einer Veränderung der Wörter. Jethros Vorschlag ist, dass Moses die Männer „aussuchen" soll. Dafür wird das hebräische Wort gebraucht, das im Zusammenhang mit prophetischen Visionen steht. Wenig später berichtet der biblische Text lediglich, dass Moses „anshei chayil", „tüchtige Männer" auswählt. Das Wort

„auswählen" ist nicht der prophetische Akt, den Jethro vorgeschlagen hat, sondern sehr viel pragmatischer. Mehr noch, statt alle vier Anforderungen aufzulisten, die Jethro aufführt, wird nur der erste Punkt seiner Liste genannt, „tüchtige Männer". Was ist also mit den anderen drei Punkten? Es gibt viele mögliche Erklärungen. Die erste wäre, dass die Bibel nicht dieselbe Liste nochmals aufführt, sondern lediglich den ersten Punkt nennt und damit die anderen einschließt. Vielleicht ist es auch das, was Jethro beabsichtigte. Der allgemeine Ausdruck „tüchtige Männer", beinhaltet auch die drei nächsten Punkte.

Aber Jethros Vorschlag bereitet noch ein anderes Problem. Niemand, noch nicht einmal Moses, ist fähig, in das Herz eines Menschen zu sehen und zu wissen, wer wirklich gottesfürchtig ist, ob im religiösen oder im moralischen Sinn. Dass jemand sich als vertrauenswürdig und verlässlich erwiesen hat, kann vorausgesetzt werden. Aber die meisten Menschen sind unter bestimmten Umständen bestechlich. Und Bestechung ist nicht immer finanzieller Art, sondern kann auch Machtmissbrauch oder Vorteilsnahme bedeuten. All diese Punkte bergen so viele Unsicherheiten, dass Moses nach einer praktikableren Lösung sucht.

Eine andere Interpretation besagt, dass Moses versuchte, alle vier Kriterien anzuwenden, jedoch niemanden fand, der allen Punkten gerecht werden konnte. Vielleicht wurde ihm aber auch nur klar, dass man die wahren Qualitäten eines Menschen nur herausfinden kann, wenn man sie mit der Verantwortung konfrontiert. Er musste also einen Kompromiss finden und wählte schließlich Männer, von denen er glaubte, dass sie gute Arbeit leisten würden.

An anderen Stellen in der Bibel werden die Anforderungen an einen Richter weiter ausgeführt. Ein Richter soll weder die Armen noch die Großen bevorzugen. Ein Richter darf sich nicht vom Mitleid leiten lassen für Menschen in Not, auch nicht von dem Wunsch, den Mächtigen und Reichen zu gefallen. An anderer Stelle wird der Richter gewarnt, sich nicht von einer Mehrheit beeinflussen zu lassen, wenn das zu einem falschen Urteil führt.

Diese biblischen Anweisungen und Warnungen werden durch spätere rabbinische Lehren noch verstärkt. Ein rabbinischer Text zeigt eindrucksvoll, wie schwer es für einen Richter ist, integer zu handeln. „Ein Richter soll sich vorstellen, ein Schwert schwebe über seinem Kopf, die Unterwelt öffne sich vor ihm und er stehe dazwischen. Wenn er sich würdig erweist, wird er vor beidem errettet, wenn er sich aber nicht würdig erweist, so wird er beidem übergeben."

Die vielleicht stärkste Äußerung über die Verantwortung eines Richters wird in einer rabbinischen Lehre so zusammengefasst: „Jeder Richter, der gerecht richtet, wenn auch nur für eine Stunde, wird in der Schrift angesehen, als sei er der Partner Gottes bei der Schöpfung gewesen."

Vielleicht hatte Jethro zu hohe Ansprüche an die Fähigkeiten seines Schwiegersohnes Moses und an die Fähigkeiten des Volkes, das er anführte. Die Israeliten waren ein Volk wie jedes andere, mit Stärken und Schwächen, guten und schlechten Eigenschaften. Gerade darum war es wichtig, ein System zu entwickeln, das Gerechtigkeit sicherstellte.

Jethros Anforderungen für die Auswahl von Richtern oder anderen Führungspersonen mögen zu idealistisch gewesen sein. Dennoch bieten sie eine nützliche Grundlage für die Auswahl derer, die in einer Gesellschaft wichtige Positionen einnehmen. Sie sollen für die Aufgabe geeignet sein. Sie sollen moralische Qualitäten mitbringen und sie sollen vertrauenswürdig und verlässlich sein. Vor allem aber sollten sie in der Lage sein, den Versuchungen zu widerstehen, die Macht mit sich bringt.

Die Zehn Gebote und die Menschenrechte - Jitro Ex 18:1-20:23

Es war ein Jahr der bedeutsamen Jahrestage. Im vergangenen Monat haben wir der Reichskristallnacht vor 70 Jahren gedacht und all der tragischen Ereignisse, die darauf folgten. Vor zwei Tagen, am 10. Dezember, konnten wir dagegen ein ganz anderes Ereignis feiern, das vielen Menschen in aller Welt Hoffnung gibt. An diesem Tag im Jahr 1948 veröffentlichten die Vereinten Nationen die Allgemeine Erklärung der Menschenrechte.

Der Hauptautor dieses Dokuments war René Cassin, ein französischer Jude, Jurist und Menschenfreund und ein Mann mit einer tiefen Verpflichtung gegenüber den universellen Werten. Geboren wurde er 1887, er kämpfte im 1. Weltkrieg und wurde schwer verwundet. Das brachte ihn dazu, eine Organisation zu gründen, die sich für behinderte Kriegsveteranen und Kriegswaisen einsetzt. Bis zur Besetzung Frankreichs durch die Deutschen machte er Karriere als Professor für Recht. 1940 war er einer der ersten, die General de Gaulle nach England folgten. Dort entwarf er alle rechtlichen Vereinbarungen zwischen Winston Churchill und De Gaulle über den Status der Freien Französischen Streitkräfte. Nach dem Krieg hatte er hohe Ämter in Frankreich inne und vertrat das Land von 1946 bis 1958 bei den Vereinten Nationen. Er gehörte zu den Gründern der UNESCO. Für seine Arbeit an der Allgemeinen Erklärung der Menschen-rechte erhielt er 1968 den Friedensnobelpreis. 1976 starb er.
In einem Artikel verglich Cassin die Allgemeine Erklärung der Menschenrecht mit den Zehn Geboten und erkannte einen entscheidenden Unterschied: Die Ausrichtung der Zehn Gebote ist religiös, Gott steht im Zentrum. Sie definieren menschliche Pflichten; menschliche Rechte können nur indirekt aus ihnen ableitet werden. Die Allgemeine Erklärung der Menschenrechte hingegen ist im Wesentlichen ein humanistisches Dokument, und seine Verfasser haben einen Bezug auf Gott be-

wusst vermieden. Sie beginnt mit den Worten: 'Alle Menschen sind frei und gleich an Würde und Rechten geboren.'

Die humanistischen Werte darin haben dennoch viel gemein mit den Prinzipien, die bereits in der Hebräischen Bibel eingeführt wurden und von den drei großen religiösen Traditionen Europas gelehrt werden. Die Bibel beginnt mit der Erschaffung eines einzelnen Menschen, was voraussetzt, dass alle Menschen, egal welcher Hautfarbe, Rasse oder Glaubensrichtung sie angehören, gleich erschaffen wurden. Dass Adam nach dem Bilde Gottes geschaffen wurde unterstreicht den unschätzbaren Wert jedes menschlichen Lebens. Ein jüdisches und auch ein muslimisches Sprichwort sagen: Wer ein einzelnes Leben nimmt, zerstört eine ganze Welt.

In der Hebräischen Bibel ist die Zukunft der Menschheit mit dem Leben und Beispiel Abrahams verbunden. In einem Schlüsselsatz erklärt Gott, dass Abraham auserwählt wurde, seine Nachfahren den Weg Gottes zu lehren. Dieser Weg wird durch zwei Schlüsselworte definiert: tz'dakah umishpat, Rechtschaffenheit und Gerechtigkeit. Abraham wird von Gott auf die Probe gestellt, indem er ihm mitteilt, dass Sodom und Gomorrah wegen der bösen Taten ihrer Einwohner zerstört werden soll. Abraham ist so schockiert darüber, dass dabei neben den schuldigen Menschen auch Unschuldige sterben könnten, dass er Gott direkt herausfordert. „Will der Richter der Welt nicht Gerechtigkeit walten lassen?" In einer biblischen Welt, in der Gott alle menschlichen Handlungen dominiert, ist das eine außergewöhnliche Wende und ein Beweis für den Mut Abrahams.

Gerechtigkeit zu üben war zu allen Zeiten eine Herausforderung für die Herrscher. Ohne Gerechtigkeit fällt die Welt in Chaos und Zerstörung. Die allgemeine Erklärung der Menschenrechte ist die logische Folge dieser biblischen Forderung nach Gerechtigkeit für alle Menschen, ob sie nun auf göttlichem Befehl beruht oder eine Reaktion ist auf die gequälten Schreie leidender Menschen.

Eine jüdische Menschenrechtsorganisation trägt den Namen von René Cassin. Sie nutzt die Erfahrung des jüdischen Volkes, um die Menschenrechte aller Völker zu unterstützen. In diesem Sinne sind Cassin und sein Vermächtnis ein Erbe des biblischen Auftrags an Abraham, Vorbild zu sein und Rechtschaffenheit und Gerechtigkeit zu lehren.

Als er den Friedensnobelpreis erhielt sagte René Cassin: „Es ist an der Zeit dazu aufzurufen, dass jeder von uns bis zum letzten für Frieden und Menschlichkeit kämpfen muss."

Der Maßstab des Rechts - Mischpatim Ex 21:1-24:18

In der vergangenen Woche haben wir in der Synagoge die Zehn Gebote gelesen. Sie gehören zu den bekanntesten Stellen der Hebräischen Bibel. Neben ihrer wichtigen Stellung sowohl im Judentum als auch im Christentum haben sie auch dazu beigetragen, unsere westlichen Werte zu gestalten. Sie sind eine Art Meßlatte, an der der Zustand unserer Gesellschaft gemessen werden kann. Die Bilder von den beiden Tafeln, auf denen sie geschrieben sind und von Moses, der sie hochhält, sind bekannte Symbole für das Gesetz als Grundlage des menschlichen Lebens in einer Gesellschaft.

Die Zehn Gebote sind so wichtig, dass sie in der Hebräischen Bibel zwei Mal auftauchen: Einmal im Zweiten Buch Mose, als sie Moses auf dem Berge Sinai übergeben werden und dann noch einmal im Fünften Buch Mose, als Moses sie vor der Gemeinde wiederholt. Gerade wegen ihrer Bedeutung ist es wichtig zu betonen, dass sie im Zweiten Buch Mose nur die Präambel zu den folgenden Gesetzen darstellen. Diese sollen die grundlegenden Regeln für ein gottgefälliges Leben sichern. Selbst das Wort „Gebote" ist keine genaue Übersetzung des hebräischen Wortes. Im hebräischen Text werden sie als die „Zehn Worte" oder „Zehn Sprüche" bezeichnet, und so werden sie auch in der jüdischen Tradition verstanden. In diesem Sinne sind sie keine Gebote. Sie beschreiben vielmehr eine Verhaltensweise, die die natürliche Konsequenz aus dem Bund mit Gott ist. Sobald du sie akzeptiert hast, wird sich dein Verhalten ändern, so dass du einfach nichts tun möchtest, das deiner Beziehung zu Gott oder zu anderen Menschen schaden könnte.

Vielleicht ist es überraschend, aber die jüdische Tradition ist sehr vorsichtig, welche Bedeutung den Zehn Geboten zukommen sollte. Es gab Zeiten, in denen sie im Tempel öffentlich rezitiert wurden. Manche Gruppen kamen zu der Überzeugung, dass nur diese zehn Worte die direkte Offenbarung Gottes gegenüber Israel seien. Da die Rabbinen glaubten, dass die gesamten Fünf Bücher Mose die Worte Gottes und deshalb ebenso wichtig seien, maßen sie den Zehn Geboten weniger Bedeutung zu. Deshalb besteht die jüdische Tradition darauf, dass die Passage, die wir an diesem Sabbat lesen, Exodus 21 bis 24, ebenso wichtig ist. Das heutige Kapitel beinhaltet die Gesetze, die Moses den Israeliten präsentiert als Grundlage dafür, wie sie ihre Gesellschaft gestalten sollen. Um der jüdischen Tradition gerecht zu werden, sollten wir sie deshalb im Ganzen und im Detail studieren.

Das ist aber nicht so einfach. Wir müssen uns in eine unbekannte Welt begeben, und rechtliche Dinge in einer biblischen Weise zu organisieren. Die ersten Gesetze in Exodus, Kapitel 21 führen einen wichtigen Grundsatz ein. Sie handeln davon, dass ein Sklave nach sechs Jahren Arbeit entlassen werden muss. Im siebten Jahr muss er freigelassen werden. Die Freiheit des siebten Tages, des Sabbat, muss in diese Berechnung der Jahre mit einbezogen werden. Da die Kinder Israel eben erst die Sklaverei in Ägypten hinter sich gelassen haben, stellt dieses Gesetz eine neue Grundlage für die Gesellschaft dar, die sie gerade gestalten, eine Gesellschaft, in der Sklaverei reguliert und eigentlich abgeschafft werden muss.

Aber nach diesem Eingangsteil kommen wir zu einer Passage, die eine seltsame Mischung unterschiedlicher Dinge zu sein scheint. Es beginnt mit einer Reihe von Gesetzen, die sich mit Mord, Totschlag und Entführung beschäftigen. Sie beschreiben ebenso Situationen, in denen ein Mann einen anderen Mann oder einen Sklaven schlägt, oder in denen zwei Männer kämpfen und dabei versehentlich jemanden verletzen, der ihnen in den Weg kommt. In all diesen Fällen beschäftigt sich das Gesetz mit der Bestrafung des Täters oder mit der Entschädigung, die einem Opfer gezahlt werden muss. Aber ganz unerwartet werden sie unterbrochen von einem Gesetz, das es den Menschen verbietet, ihre Eltern zu beschimpfen.

Der nächste Teil handelt davon, was passiert, wenn dein Ochse den Ochsen deines Nachbarn verletzt. Die Strafe richtet sich danach, ob das zum ersten Mal passiert, oder ob der Ochse bereits als gefährlich bekannt ist. In dem gleichen landwirtschaftlichen Zusammenhang stehen Gesetze über die Gefahr, Gruben auszuheben, in die Tiere fallen könnten, über die Strafe für Tierdiebstahl oder darüber, was passiert, wenn dein Tier auf dem Feld eines anderen grast. Eine spätere Passage handelt von der Verantwortung, die man für Gegenstände oder Tiere hat, die einem anvertraut worden sind und die gestohlen oder beschädigt wurden.

Aber danach scheint die Zusammenstellung der Gesetze immer zufälliger zu werden. Da gibt es Gesetze, die Zauberei oder Götzenverehrung verbieten, gefolgt von dem Gebot, Fremde nicht zu unterdrücken, ein Gesetz, das in der Bibel mehrfach vorkommt. Dazwischen findet man das Verbot, für den Verleih von Geld Zinsen zu verlangen und das Gebot dem Feind ein Tier zurückzugeben, wenn man es findet. Das sind nur einige der unterschiedlichen Themen, die behandelt werden. Worin besteht also die Verbindung zwischen diesen sehr unterschiedlichen Gesetzen?

Es scheint nicht nur ein einzelnes Prinzip zu sein, das sie alle verbindet. Ursprünglich scheint es einen Kern von Gesetzen zu einem bestimmten Thema gegeben zu haben. Im Laufe der Zeit wurden weitere Gesetze hinzugefügt, so dass die ursprüngliche Intention verloren ging und die Sammlung eine Art Anthologie wurde. Dennoch gibt es etwas, das sich durch die meisten hindurch zieht: Das Problem, was passiert, wenn es zu einem Bruch in der Beziehung zwischen Menschen kommt. Das reicht von den extremsten Fällen von Mord und Fehde bis zu alltäglichen Problemen, die auftauchen, wenn etwas beschädigt wurde und geklärt werden muss, wer dafür verantwortlich ist und wer für den Schaden aufkommt. Die meisten handeln also von der Lösung von Nachbarschaftsstreitigkeiten und der rechtlichen Grundlage für ein korrektes Urteil. Die alles überspannende Frage ist, wie kann eine Beziehung wieder aufgebaut werden, wenn sie aufgrund eines Konfliktes zerbrochen ist. Diese Gesetze unterstellen, dass eine Gesellschaft sehr leicht auseinander fallen kann, wenn es kein umfassendes Rechtssystem gibt, um solche Probleme zu regeln. Das ist eine sehr praktische Gesetzgebung, mit einer begrenzten Zahl von Fällen, wenn sie auch ein weites Gebiet abdecken.

Es ist auch offensichtlich, dass diese Gesetze nicht umfassend sind. Es gibt eine Unzahl von Gebieten, die nicht abgedeckt sind. Vielleicht sind diese speziellen Gesetze zusammengestellt worden, weil sie die größeren Abweichungen von den gesetzlichen Regelungen der Nachbarländer des alten Israel betrafen. Es reichte aus, hier die speziellen Besorgnisse des Gottes der Israeliten anzuführen. Beispielsweise fordern die Gesetze Israels nicht die Todesstrafe für Diebstahl, auch wenn das nach den Regeln des alten Nahen Ostens üblich war. Leben ist wichtiger als Besitz.

Das biblische Anliegen des Schutzes von Fremden ist ein gutes Beispiel dafür, wie ein Gesetz auch im weiteren Sinne wirken kann. Angst vor anderen Menschen, besonders vor neuen Immigranten kann zu Vorurteilen, Diskriminierung und Gewalt führen. Es ist schwierig die Einstellung und die Gefühle von Menschen zu ändern. Das bedarf viele Jahre der Bildung und der positiven Schritte, um Verständnis, Vertrauen und Respekt zu entwickeln. Aber das Gesetz kann einen Schutz darstellen für diejenigen, die die Opfer von Vorurteilen werden könnten. Darüber hinaus kann das Gesetz klarmachen, dass bestimmte Verhaltensweisen gegenüber anderen schlicht nicht akzeptabel sind für eine Gesellschaft als Ganzes. Sie bilden die Mindestgrundlage einer geteilten Verantwortung für eine Gerechtigkeit, auf der positive Beziehungen aufgebaut werden können.

All die Gesetze in diesen Kapiteln beginnen mit diesem negativen Standpunkt. Irgendetwas ist falsch gelaufen - wie können wir also die Dinge so regeln, dass ein normales Leben wieder aufgebaut werden kann? Sie sagen nichts darüber, wie positive Beziehungen zwischen Menschen gestaltet werden sollten. Dafür müssen wir uns dem 19. Kapitel des Buches Levitikus zuwenden. Es führt uns zu einer biblischen Darstellung, wie wir uns vom negativen zum positiven verändern können:

Du sollst deinen Bruder nicht hassen in deinem Herzen; zur Rede stellen sollst du deinen Nächsten, dass du nicht seinetwegen Sünde tragest. Du sollst dich nicht rächen und nichts nachtragen den Kindern deines Volkes, sondern deinen Nächsten lieben, wie dich selbst.

Die Gemeinde, die nicht da ist - Wajakhel-Pekude Ex 35:1-40:38

Vor einigen Wochen habe ich in Amerika einige Synagogen besucht und habe dort aus erster Hand erfahren, wie sie mit den Bedürfnissen der jüdischen Gemeinschaft umgehen. Wie überall sind sich auch die amerikanischen Juden der großen Veränderungen bewusst, die sich in ihrer Gemeinschaft vollziehen. Bis zu 50% der amerikanischen Juden heiraten Nicht-Juden. Obwohl die jüdische Gemeinschaft relativ groß ist, macht sich eine wachsende Zahl Sorgen um ihre langfristige Zukunft. Mischehen und Assimilation sind der Preis, den wir dafür zahlen, Teil einer offenen Gesellschaft zu sein. Wir mögen das bedauern und alles versuchen, um die jüdische Identität zu stärken, aber sehr wenige wollen zu einer Art abgeschlossenem jüdischen Ghetto zurückkehren. Stattdessen suchen die Gemeinden, besonders in Amerika, nach Wegen, Juden zu ermutigen, sich mehr am jüdischen Leben zu beteiligen. Bei einer Mischehe versuchen einige Gemeinden aktiv einen Platz für die nicht-jüdischen Partner zu finden. Sie hoffen, dass sie hilfreich sein könnten bei der Erziehung ihrer Kinder als Juden und dass sie vielleicht sogar eines Tages zum Judentum konvertieren könnten.

Die Synagoge ist zu einer der aktivsten Schaltstellen Amerikas geworden im Versuch, Juden zu erreichen. Zum Beispiel, gab es in den letzten Jahren große Investitionen in Personal und Ideen, um den Gottesdienst attraktiver zu machen oder um den Teilnehmern andere Aktivitäten anzubieten.

Diese Gedanken werden angeregt durch die Thora-Lesung an diesem Schabbat, vayakhel-pekuday, die den Bau eines Heiligtums in der Wüste beschreibt. Dort stand ein provisorisches Gebäude, das später durch den Tempel ersetzt wurde, das Zentrum des religiösen Lebens der Gemeinschaft. Die wichtigste religiöse Handlung war das Tieropfer für Gott. Im Tempel wurde das durch Lesen und Singen von Psalmen begleitet. Es wurde ein Psalm ausgewählt, der die Situation des Opfernden beschrieb. Worte, mit denen er Gott um Hilfe bat oder für die Hilfe aus irgendeiner Schwierigkeit dankte. Was auch immer der Grund war, in den Tempel zu kommen, die Hauptabsicht war, Gott dadurch näher zu sein und zu hoffen, daß die jeweiligen Gebete erhört würden.

Zu einem späteren Zeitpunkt, als der Tempel zerstört worden war, wurde das Leben mit Gebeten stärker formalisiert. Die drei täglichen Gottesdienste wurden Teil unserer religiösen Verpflichtung als Individuen und als Mitglieder der Gemeinschaft. Da wir eine Minyan, ein Minimum von zehn männlichen Erwachsenen, haben mussten, um einen vollständigen Gottesdienst zu feiern, waren Juden verpflichtet, ihre Gemeinde auf sehr praktische Art und Weise zu unterstützen. Es gab im Judentum immer Raum für persönliche Gebete, sowohl innerhalb des Gottesdienstes als auch spontan. Aber der Besuch der Synagoge wurde als Pflicht angesehen und als selbstverständlicher Bestandteil des täglichen Lebensrhythmus. Darüber hinaus fragte man nicht, welche Erfahrungen daraus gewonnen wurden, hoffte aber, dass man das rechte Maß an Konzentration und Ernsthaftigkeit in das Lesen der Gebete gelegt hatte.

Während das für viele Juden heutzutage immer noch zutrifft, hat es in unserem geistlichen Leben einen großen Wandel gegeben. Wir leben in einer weltlichen Gesellschaft, in der der Glaube an Gott zu einer Privatsache geworden ist. Die offene Gesellschaft hat unser Verständnis von Gemeinschaft verändert. Das wirft die Frage auf, welcher Gruppe wir uns zugehörig fühlen und für wen wir Verantwortung übernehmen.

Vor allem leben wir in ciner Konsumgesellschaft und wir beurteilen alles danach, welchen Preis wir zu bezahlen haben und was wir im Gegenzug dafür erhalten. Auch Religion wird inzwischen so beurteilt. Das hat Auswirkungen speziell in Amerika und anderen Ländern, in denen es keine Kirchensteuer gibt wie in Deutschland. Die Leute müssen direkt bezahlen, um ihre Synagoge zu unterstützen. Wenn nun die Synagoge die Bedürfnisse ihrer Gemeindemitglieder nicht erfüllt, können sie einfach woanders hingehen. Das bringt ein gewisses Maß an Unsicherheit mit sich, aber es macht die Leitung der Synagoge auch sensibler für die Bedürfnisse ihrer Gemeinde.

Das bringt mich zurück zu den Synagogen, die ich in Amerika besucht habe. Sie gehören alle zur amerikanischen Reformbewegung. Wegen der Änderungen, die sie bei den jüdischen Ritualen durchgeführt hatte, galt sie in der Vergangenheit als die radikalste jüdische Organisation. Heute ist es die größte jüdische religiöse Bewegung in Amerika und beinhaltet eine große Zahl von unterschiedlichen religiösen Bräuchen. Einige Gemeinden haben noch so genannte klassische Reform-Gottesdienste mit Orgelmusik und verkürzter Liturgie. Andere hingegen sind zu traditionelleren Formen zurückgekehrt und haben Rituale, Gebete und Bräuche wieder eingeführt, die frühere Generationen von Reformjuden abgeschafft hatten. Eines aber haben sie natürlich alle gemeinsam: sie sind Verfechter der Gleichberechtigung, Männer und Frauen spielen in der Liturgie die gleiche Rolle.

In einem Morgen-Gottesdienst, den ich besucht habe, trugen fast alle den Tallit und die Teffilin, die traditionellen rituellen Kleidungsstücke, und der Gottesdienst selber enthielt die meisten der traditionellen Gebete. Am nächsten Tag experimentierte die gleiche Gruppe mit einem Gottesdienst der 'Heilung', indem sie einige Gebete aus der traditionellen Liturgie auswählten, sie mit neuen Liedern verbanden und Zeit ließen für Meditation. In einem Schabbat-Abendgottesdienst standen die drei Rabbiner und der Kantor vor Mikrophonen und wirkten mehr wie eine Popgruppe. Sie leiteten einen Gottesdienst, der sich zusammensetzte aus populären hebräischen Liedern, die um traditionelle Gebete arrangiert waren. Es war fast wie ein Konzert, aber die Atmosphäre war sehr einladend. Wichtiger noch: Etwa fünfhundert Menschen besuchen diesen

Gottesdienst jede Woche und die meisten von ihnen nehmen auch an unterschiedlichen Gruppen teil, um jüdische Texte zu studieren, um sich zu treffen oder um gemeinsam mit ihren Kindern zu lernen. In anderen Synagogen werden mehrere verschiedene Gottesdienste gleichzeitig abgehalten, um auf die unterschiedlichen Bedürfnisse und Wünsche der Gemeindemitglieder einzugehen.

Werden solche Experimente Auswirkungen auf das Judentum in Amerika haben? Werden sie die Zahl der Mischehen verringern oder mehr Menschen zum Judentum zurückführen? Niemand kann sagen, wie die Konsequenzen auf lange Sicht sein werden. Aber von der Errichtung des Heiligtums in der Wüste am Sinai bis zu der Synagoge an der amerikanischen Westküste gibt es eine Tradition von Gebet und Gottesdienst, die das geistliche Leben des jüdischen Volkes bestimmt. Und solange Juden sich zum Beten versammeln, in welcher Form auch immer, gibt es eine Hoffnung für unsere Zukunft.

Über Hüte und Hidschabs - Pekude Ex 38:21-40:38

Mit dem heutigen Schabbat schließen die Lesungen aus dem Buch Exodus mit einer unerwarteten Wendung ab. Das Buch beginnt mit der Ankunft des Patriarchen Jakob in Ägypten und schildert wie seine Familie wuchs und gedieh. Sie wurde so zahlreich, dass der neue Pharao seine Macht auf die Angst vor den Israeliten gründete, er sah sie als eine Art „fünfte Kolonne". Heimlich plante er, die männlichen Neugeborenen zu töten. Das aber wurde von den hebräischen Hebammen verhindert, der erste zivile Ungehorsam gegenüber dem Missbrauch politischer Macht. Moses forderte den Pharao heraus und eine Reihe von Plagen verwüstete das Land schwer. Schließlich verließen die Israeliten Ägypten und beendeten damit die Zeit der Sklaverei. Am Schilfmeer wurde die ägyptische Armee vernichtend geschlagen. Das Ergebnis der Angst machenden Politik des Pharaos war genau das, was er vermeiden wollte.

In der Wüste am Berge Sinai bekam die neu gegründete Nation ihre Verfassung. Die darin enthaltenen Gesetze waren das genaue Gegenteil der Sklaverei, die sie hinter sich gelassen hatten. Ihr Ziel war eine Gesellschaft aufgebaut auf individueller Freiheit. Zugleich sollte sie auf Gesetzen und gegenseitiger Verantwortung beruhen.

Aber die Erzählungen im Buch Exodus brechen plötzlich ab. In den letzten sechzehn Kapiteln werden bis ins Detail die Pläne für den Bau des Heiligtums beschrieben, ein religiöses Zentrum, in dem sie ihrem Gott nahe sein wollten. Dieselben Einzelheiten werden fast wörtlich wiederholt, als das Heiligtum schließlich fertig gestellt ist.

Die unterschiedliche Gewichtung am Anfang und am Ende des Buches Exodus spiegeln die Veränderung im Leben des Volkes wider. Nach der außergewöhnlichen Erfahrung der Befreiung, der Wüstenwanderung und der Gründung der Nation, brauchen sie neue Stabilität in ihrem Leben.

Das Heiligtum mit seinen regelmäßigen Opfergaben bedeutete eben diese Stabilität und Sicherheit. Die wiederholte Beschreibung jeden Details beim Bau des Heiligtums half den Menschen, sich der Gegenwart Gottes in ihrem Leben bewusst zu werden. Alles hatte eine Bedeutung und einen Stellenwert.

Fast ein ganzes Kapitel beschäftigt sich mit der Herstellung der Kleidung für den Hohepriester Aaron und seine Söhne, die Gott im Heiligtum dienen sollen. Jedes Kleidungsstück selbst hat eine Bedeutung, dient aber auch dazu, die Rolle des Trägers zu unterstreichen. Kleidung, besonders Bekleidung, die mit religiösen Traditionen verbunden wird, können den Gläubigen als wichtiges Identifizierungsmerkmal dienen.

Aber mit der Zeit ändern sich die Dinge. Mit der Zerstörung des Tempels in Jerusalem verschwand auch die ganze Institution der Priesterschaft und des Opferkultes aus dem Judentum. In anderen Zeiten und Kulturen wurden andere Kleidungsstücke Teil der jüdischen Tradition. Eine bestimmte Kopfbedeckung ist seit der frühen rabbinischen Zeit ein wichtiger Teil der jüdischen Identität. Auch wenn Änderungen in der Kleidung oft durch äußere Einflüsse hervorgerufen werden, so können sie doch auch Auseinandersetzungen innerhalb des jüdischen Volkes widerspiegeln. Durch die Entstehung der Reformbewegung im 19. Jahrhundert beispielsweise gab es Auseinandersetzungen über die Frage, ob man einen Hut zu tragen hat oder nicht. In Amerika war diese Bewegung radikaler als in Europa, und viele Reformtempel bestanden darauf, dass im Gottesdienst keine Hüte getragen werden durften.

Durch die Debatten in Deutschland und Frankreich über religiöse Symbole in der Öffentlichkeit, wie das Kopftuch bei muslimischen Frauen, wurden diese Gedanken über Ursache und Bedeutung von Bekleidung kürzlich neu aufgeworfen.

Die Erbitterung, mit der diese Debatte geführt wurde, erinnerte mich an eine Beschreibung von Rabbi William Braude, einem großen jüdischen Gelehrten und geistlichem Leiter des Reformtempels in Providence auf Rhode Island. Er erzählte von einem Abend, den sein Tempel eine Woche nach der Kristallnacht 1938 organisiert hat. In einem Trauergottesdienst sollte der zerstörten Synagogen in Deutschland gedacht werden. Die Gemeinde lud alle jüdischen Flüchtlinge in Providence dazu ein. Als er sich am Freitagabend auf den Gottesdienst vorbereitete, stürmte ein Gemeindemitglied in sein Büro und fragte: „Haben Sie diesen Menschen erlaubt, Hüte zu tragen?" Der Tempel gehörte der Reformtradition an, in der man die Hüte beim Betreten der Synagoge abnahm. Das aber war überraschend, wenn nicht sogar schockierend für jeden jüdischen Flüchtling aus Europa mit einem eher orthodoxen Hintergrund. Rabbi Braude schreibt:

„Tatsache war, dass ich bis zu diesem Moment nicht über die Kopfbedeckung unserer Gäste nachgedacht hatte. Ich wusste nicht, ob unsere Gäste Hüte oder Yarmulkes tragen würden oder ebenfalls auf die Kopfbedeckung verzichten würden. So antwortete ich indirekt: „Diese Leute sind unsere Gäste. Sie haben so viel gelitten. Ob sie sich nun für oder gegen das Tragen von Hüten entscheiden, wir wollen sie damit nach all den Verletzungen nicht auch noch beleidigen." Aber der Fragesteller war unerbittlich. „Beantworten Sie meine Frage. Haben Sie diesen Leuten erlaubt, Hüte zu tragen oder nicht?" Bis zu diesem Tag weiß ich nicht, wie die Frage der Hüte ausgegangen ist. Ich war voller Schmerz. Unfreiwillig musste ich an ähnliche Forderungen denken - an Kosaken, die zu Juden sagten „Shapka doloi", „Runter mit dem Hut" oder an SS-Leute, die forderten „Hut ab, Jude". Als ich in den Tempel kam, habe ich nicht hingesehen. Ich taumelte, meine Augen waren voller Tränen. Bis heute weiß ich nicht, ob die Türsteher selbst unsere Gäste gebeten haben, ihre Hüte abzunehmen und ob einige der Flüchtlinge unter Protest gegangen sind. Was auch immer mit den Hüten unserer Gäste geschah, es war wirklich ein Trauergottesdienst."

Diese Geschichte sagt viel über Intoleranz. Das Gemeindemitglied war so verblendet von dem, was er für die Tradition seines Tempels hielt, dass er das größere Bild nicht sah, die Erlebnisse der Flüchtlinge, die an diesem Abend Gäste waren. Er stellte die Regeln über das Mitgefühl und das Dogma über die Sympathie oder das Gespür für die Bedürfnisse anderer.

Deshalb müssen wir den Anfang und das Ende des Buches Exodus nebeneinander stellen. Die Frage, ob man einen Hut oder irgendein anderes spezielles Kleidungsstück trägt oder nicht, kann sehr viele Emotionen und Erfahrungen für den Träger aufwerfen. Einem einzelnen oder einer Gruppe zu untersagen, ihre religiöse oder kulturelle Identität durch Kleidung auszudrücken, ist eine Schande für jede zivilisierte Gesellschaft.

Der Pharao nutzte die offensichtliche Andersartigkeit der Israeliten für seine eigenen politischen Ziele. Er schürte Angst und Hass, um seine Macht zu festigen. Aber die Gesellschaft, die er damit schützen wollte, wurde am Ende dadurch nur beschädigt und fast zerstört.

Überall erleben wir heute ein wachsendes Nebeneinander vieler unterschiedlicher Kulturen, Rassen und religiösen Traditionen innerhalb einer Gesellschaft. Das ist eine schwierige und anspruchsvolle Aufgabe, die Mut, gegenseitige Respekt und geistige Größe verlangt. Wir brauchen keine neuen Pharaonen, die die Angst der Menschen für ihre Zwecke nutzen. Stattdessen brauchen wir Zufluchtstätten für all die verschiedenen Religionen in unserer Gesellschaft. Wir müssen Plätze schaffen, wo man Kleidung und andere religiöse Symbole mit Stolz und ohne Angst tragen kann.

Märtyrer und Opfer - Achare Mot Lev 16:1-18:30

An diesem Schabbat lesen wir zwei Abschnitte aus dem Dritten Buch Mose. Der erste ist benannt nach den dramatischen Eingangsworten „a-harei-mot sh'nei bnei aharon" - „nach dem Tode der beiden Söhne Aarons". Um die Bedeutung zu verstehen hilft es sich vorzustellen, einen Film zu sehen. Im Kernpunkt der Geschichte erfahren wir von einem Ereignis, das einige Zeit zuvor stattgefunden hat, das aber immer noch einen der Charaktere beeinflusst. In einer Rückblende sehen wir dieses Ereignis und erleben es zusammen mit der Person noch einmal. Um die Bedeutung der heutigen Einführungsworte „Nach dem Tode der beiden Söhne Aarons" zu verstehen, müssen wir uns zwei Szenen aus der Bibel ansehen:

Aaron, der Hohepriester und Bruder von Moses, hatte vier Söhne. Die ersten beiden hießen Nadav und Abihu. Im zehnten Kapitel des Dritten Buches Mose wird uns eine rätselhafte Geschichte erzählt. Die beiden Söhne brachten ein „ungehöriges Feueropfer" in das Heiligtum, den heiligsten Platz des Lagers, an dem Gott Opfer dargebracht wurden. Der Text ergänzt, dass ihnen das nicht aufgetragen war. Plötzlich kommt ein Feuer vom Himmel und verzehrt sie. Das ist alles, was wir erfahren. Unsere erste Rückblende zeigt, vor welchem Hintergrund sich diese Szene ereignet. Genau in dem Moment nämlich, als das Heiligtum in der Wüste fertig gestellt wurde. In diesem Moment kam Feuer vom Himmel und verzehrte das Opfer auf dem Altar. Das war der Beweis, dass das Heiligtum und alles, was darin geschah, von Gott akzeptiert worden war. Und dasselbe Feuer scheint die beiden Söhne Aarons getötet zu haben, aber sonst niemanden.

Es fehlen viele der wichtigsten Informationen, die wir benötigen würden, um diese Geschichte zu verstehen. Was war das „ungehörige Feueropfer", das sie dargebracht haben? Was war so falsch daran, dass es zu diesem tragischen Tod geführt hat? Viele Kommentare versuchen, ein Fehlverhalten der beiden jungen Männer als Grund für dieses schreckliche Schicksal anzuführen. Dieser Passage im Dritten Buch Mose folgt unmittelbar eine Anweisung an Aaron, dass die Priester das Heiligtum nicht betreten dürfen, wenn sie Wein oder andere berauschende Getränke zu sich genommen haben. Vielleicht waren also Aarons Söhne zu diesem Zeitpunkt betrunken und es gab deshalb diese neue Anweisung. Eine andere Möglichkeit wäre, dass sie nur zwei ungeduldige junge Männer waren, die die Rolle ihres Vaters Aaron übernehmen wollten, statt zu warten, bis sie seine Aufgaben erben würden. Aber wenn sie nur ungeduldig waren, Gott in seinem Heiligtum zu dienen, dann war ihr Motiv vielleicht nicht so schlecht. Wenn das so ist, gibt es eine andere Möglichkeit, die Geschehnisse zu verstehen?

Um das herauszufinden, müssen wir uns eine zweite Rückblende ansehen. Diesmal kehren wir zurück zu dem Augenblick, als die Kinder Israel am Berge Sinai den Bund mit Gott eingehen. Die Bibel beschreibt eine ausführliche Zeremonie, in der der Bund zwischen Gott und dem Volk besiegelt wurde. Am Ende kommt es zu einem einzigartigen Ereignis. Bis dahin war es nur Moses erlaubt, den Berg zu besteigen und Gott zu treffen. Aber nun wird eine kleine Gruppe eingeladen, diese Erfahrung zu teilen. Darunter waren Aaron und seine beiden Söhne Nadav und Abihu sowie siebzig Älteste des Volkes. In dem in der Bibel einzigartigen Text sahen alle von ihnen den Gott Israels. Diese mystische Erfahrung scheint einen großen Einfluss auf alle Beteiligten gehabt zu haben. In einer späteren Passage begannen die siebzig, vielleicht dieselben Männer, zu weissagen. Welchen Einfluss muss das auf die beiden jungen Männer, die Söhne Aarons, gehabt haben?

Vielleicht waren sie überwältigt von dieser direkten Gotteserfahrung und waren deshalb von einer brennenden Leidenschaft und Eifer erfasst, ihrem Gott zu dienen. Es war dieser Enthusiasmus an den Opfern im Heiligtum teilzunehmen, der sie dazu brachte, die Regeln zu brechen und den besonderen Ort zum falschen Zeitpunkt zu betreten. Nach dieser Interpretation war das, was ihnen widerfuhr, keine Strafe. Eher war es die Erfüllung ihres Wunsches, sich selbst Gott zu opfern. Sie wurden selbst zu einer Art Opfer, buchstäblich verbrannt von ihrem eigenen inneren Feuer.

Diese Leidenschaft ist eine herausragende Eigenschaft junger Leute. Sie entzündet Gefühle von Hingabe und Liebe, entweder zu einer anderen Person oder zu einer Sache. Sie ist zielstrebig und oft unkritisch, schlicht weil sie nicht eingeschränkt wird von der Breite der Erfahrungen oder dem Gewicht von Verantwortungen, die das Alter mit sich bringt. Das kann zu großen Erfolgen führen, aber ebenso zu großen Enttäuschungen. Aber es ist auch die treibende Kraft, die zum Selbstopfer für eine Sache führt, sei es aus religiöser Tradition, einer nationalistischen Bewegung oder einem politischen Ideal. Es ist die Energie, die Märtyrer und Heilige hervorbringt.

Diese Geschichte über den Tod zweier junger Männer durch Feuer ist keines der angenehmsten Ereignisse. Ihr Wunsch ihrem Gott zu dienen, kostet sie das Leben. Aber jede Geschichte über Märtyrertum hat heute, nach dem 11. September und in dem anhaltenden Kreislauf der Gewalt im Mittleren Osten einen provozierenden Akzent. Junge Männer und Frauen sind bereit, sich für ihre Ziele auf öffentlichen Plätzen in die Luft zu sprengen.

Die jüdische Geschichte hat ihre eigenen Märtyrer, die bereit waren für ihre Überzeugungen zu sterben. Der Talmud nennt zehn Rabbiner, die von den Römern umgebracht wurden, weil sie ihr Volk weiterhin die Thora lehrten, als dies verboten war. Eine bekannte Stelle früher rabbinischer Lehre fragt: „Warum sollst du getötet werden?" „Weil ich meinen Sohn habe beschneiden lassen." „Warum sollst du gesteinigt werden?"

„Weil ich den Sabbat gehalten habe." „Warum sollst du verbrannt werden?" „Weil ich die Thora studiert habe."

Während des Mittelalters haben Juden es eher vorgezogen zu sterben, als zum Christentum oder zum Islam zu konvertieren. Tragischerweise hatten selbst ganze Familien den Freitod gewählt, der letzte Überlebende hat sich selbst getötet. Und nun haben die Rabbiner erkannt, dass solch ein Selbstopfer einem fundamentalen religiösen Wert widerspricht, nämlich der Bewahrung des Lebens. So haben sie das Problem auf die Weise gelöst, die ihnen am Vertrautesten war. Sie erließen Gesetze, die genau festlegten, wann und unter welchen Umständen es erlaubt war, sein Leben zu opfern für die Heiligung des Namens Gottes.

Die Rabbinen beziehen sich oft auf Gestalten der Bibel, die sie als Vorbilder für das ideale Verhalten darstellen. Aber es gibt einen offensichtlichen Märtyrer in der Bibel, dessen Vorbild sie nicht zu folgen versuchten: Samson. Als Samson sich selbst tötete, indem er die Säulen des Tempels der Philister zum Einsturz brachte, tötete er gleichzeitig tausende seiner Feinde. Das hätte ein nachahmenswertes Beispiel sein können - ein Selbstopfer, das auch andere Menschen tötete. Aber es wurde vom jüdischen Gesetz nie legitimiert. Dennoch waren Juden in Kriegszeiten bereit, ihr Leben zu opfern und ihre Feinde mit sich in den Tod zu nehmen.

Es wäre schön, eine saubere Trennlinie zwischen Märtyrertum und Mord zu ziehen. Eine solche Trennung bedeutet, dass ein wirklicher Märtyrertod nur den Menschen verletzt, der ihn wählt. Es ist ein Akt des individuellen Widerstands und der Hingabe zu seinen religiösen Überzeugungen. Andererseits ist es Mord, wenn man vorsätzlich unschuldige Menschen mit sich in den Tod reißt. Weder im Judentum noch im Christentum oder im Islam kann eine solche Tat als Gottesverehrung angesehen werden. Und dennoch hat es solche Taten zu unterschiedlichen Zeiten und an unterschiedlichen Plätzen gegeben, im Namen unterschiedlichster Religionen und im Namen unterschiedlichster Götter.

Religion ist auch, was Menschen in ihrem Namen tun und ebenso das, was ihre Lehrer sie zu tun anweisen. Wahre Religion ist immer ein Kampf zwischen den Werten, die sie vertritt und den Sünden, die sie allzu oft begeht. Deshalb muss ein wichtiges Element von religiöser Überzeugung der Wille sein, solche Sünden zuzugeben und die Wurzeln innerhalb der religiösen Tradition ausfindig zu machen, die sie ermöglichen. Ohne diesen Mut und diese Ehrlichkeit wird die Sünde selbst zur neuen Wahrheit und Religion wird zu ihrem eigenen Opfer.

Das ändert nichts an der Pflicht von Gläubigen, die in Konflikte verwickelt sind, besonders in solche, die durch die Religion selbst noch komplizierter oder bitterer gemacht werden: Die Pflicht, die Gründe zu beseitigen, die zu solchen verzweifelten Akten des Märtyrertums führen, Gerechtigkeit zu suchen, wo sie fehlt, Pragmatismus, wo Fanatismus ist, Kompromisse, wo Dogmen sind. Nur so besteht die Hoffnung auf Versöhnung und auf den Beginn einer langen, langen Reise zum Frieden.

Um Bertolt Brechts „Leben des Galilei" zu umschreiben: „Unglücklich das Land, das keine Märtyrer hat! Unglücklich das Land das Märtyrer nötig hat!"

Geheimnisse über Sex und Tod - Emor Lev 21:1-24:23

Es liegt eine gewisse Weisheit in der jüdischen Tradition, jede Woche eine Thora-Passage zu lesen, Ausschnitte aus den Fünf Büchern Mose. Sie enthalten eine solche Fülle von Material: Geschichten, Gesetze, Poesie, kulturelle Weisheit, dass wir niemals wissen, was auf uns zukommt oder was unsere Phantasie anregt. So fordert uns jede Lesung heraus, einen Sinn darin zu suchen. Wie unklar oder schwierig die Passage auch sein mag, sie enthält eine Offenbarung, die entdeckt, interpretiert und auf unser Leben angewandt werden muss.

Der Beginn der Thora-Lesung dieser Woche ist ein Beispiel für eine solche Herausforderung. Er führt uns in eine ferne, verwirrende Welt, wie man sie manchmal in der Hebräischen Bibel findet. Er beschreibt die Trauerregeln für die Priester, die Cohanim, die Nachfahren Aarons. Aber diese Regeln werden dargeboten als eine seltsame Zusammenstellung von Einschränkungen. Den Priestern ist nur für ihre unmittelbaren Angehörigen ein Trauerritual erlaubt: Mutter und Vater, Sohn und Tochter, Bruder und Schwester. Aber dieser letzte Fall, der der Schwester, ist noch weiter umschrieben. Die Schwester des Priesters musste zum Zeitpunkt ihres Todes noch Jungfrau sein. Wenn sie verheiratet war, darf er die mit dem Tod verbundenen Rituale nicht durchführen. Warum werden dem Priester diese Beschränkungen auferlegt, die so unnatürlich scheinen? Und warum diese besondere Unterscheidung nur im Falle der Schwester?

Schon die Sprache ist problematisch. Der Priester, der mit dem Tod in Berührung kommt, wird 'tamei'. Das ist ein hebräischer Begriff, der oft als 'unrein' oder 'unsauber' übersetzt wird, Worte, die in unserer westlichen Kultur eine negative Bedeutung haben. Aber das ist irreführend. Das Wort 'tamei' bezieht sich nur auf den symbolischen Status. Es ist keine Wertung. Der Priester, der im heiligsten Teil des Heiligtums agiert, in engem Kontakt mit Gott, muss rituell rein bleiben.

Es ist eher wie bei einem Chirurg im Operationssaal, der sterile Kleidung tragen muss und sich mit Desinfektionsmittel waschen muss bevor er operiert. Darüber hinaus muss alles und jeder in seiner Umgebung ebenso behandelt werden. Wenn er das nicht tut, dann kann jede Bakterie, die er überträgt, den Patienten infizieren. Das Heiligtum wurde gesehen als heiliger Ort, errichtet für Gottes wirkmächtige Gegenwart. Deshalb darf es durch nichts verunreinigt werden, um nicht Gottes Zorn zu erregen und dadurch Unglück über die Gemeinde zu bringen.

Der Preis, den der Priester für diese privilegierte Stellung als unmittelbarer Diener Gottes zu zahlen hatte, waren diese besonderen Vorsichtsmaßnahmen, die er zu treffen hatte. Berührung mit dem Tod verursachte rituelle Unreinheit. Deshalb sollte er theoretisch niemals mit einem Toten in Berührung kommen. Aber die Thora erlaubte ihm wenigstens, anwesend zu sein, wenn seine engsten Familienmitglieder starben oder beerdigt wurden. Es ist ein Zugeständnis an seinem natürlichen Schmerz.

Die Verse, die wir lesen, erklären einige der Details. Es ist ihm verboten, als Zeichen der Trauer sein Haar zu schneiden oder seine Haut zu verletzen. Physische Verletzungen jeglicher Art würden ihn ebenso ungeeignet machen, als Priester zu fungieren.

Aber warum soll er nicht um seine Schwester trauern, nur weil sie keine Jungfrau mehr ist? Wenn der Text auf dieses Thema gekommen ist, fügt er hinzu, dass er keine Frau heiraten dürfe, die eine Dirne war oder geschieden ist. Offensichtlich sind das alles Fälle, in denen die fragliche Frau sexuelle Erfahrungen hatte. Der Priester soll 'heilig' sein, was bedeutet, dass er 'bestimmt' ist, also nur Gott geweiht. Wahrscheinlich muss jede Frau, die ein Teil seiner näheren Familie ist, gleichermaßen bestimmt sein und entweder in die Priesterkaste geboren worden sein oder in sie eingeheiratet haben. Die Frau des Priesters muss eine ebenso ausschließliche Beziehung zu ihm haben.

Ich sagte zu Beginn, dass dieser Aspekt der biblischen Welt uns fremd ist. Im Judentum gab es für beinahe 2000 Jahre keinen Tempel, keine Opfergaben und keine amtierenden Priester. Dennoch bleibt etwas von dieser vergangenen Welt. Es gibt Familien, die die Tradition Cohanim, Nachfahren der biblischen Priester zu sein, bewahren. Sie haben noch immer bestimmte begrenzte rituelle Funktionen im jüdischen Leben. Ihnen wird die Ehre zuteil, die ersten zu sein, die aufgerufen werden, in der Synagoge aus der Thora zu lesen. Im Gottesdienst lesen sie den priesterlichen Segen für die Gemeinde. Darüber hinaus dürfen sie gemäß traditionellem jüdischem Recht noch immer keine geschiedene oder zum Judentum konvertierte Frau heiraten. Es ist ihnen nicht erlaubt, einen Friedhof zu betreten, obwohl ihnen in Bezug auf ihre Trauer um Angehörige keine anderen Beschränkungen auferlegt sind. Diese Beschränkungen werden von einigen, die es als Ehre empfinden, Nachfahren der biblischen Priester zu sein, sehr ernst genommen. Aber andere mögen diese Tradition ignorieren, weil sie finden, dass sie wenig Sinn hat.

Was lernen wir also aus solchen biblischen Regeln? Zumal sie auf die Mehrheit der Juden, die keine Nachfahren der Priesterfamilien sind, nicht zutreffen?

Die Passage berührt zwei der großen Mysterien des Lebens: Menschliche Sexualität und den Tod selbst. Geschlechtsverkehr bindet zwei Menschen körperlich aneinander wie vorübergehend und flüchtig er auch sein mag. Sie werden eins. Auf der anderen Seite reißt der Tod Menschen auseinander, wie innig, tief oder lange ihre Beziehung auch gewesen sein mag. Der biblische Priester bleibt von solchen Erfahrungen unberührt, er ist einzig Gott geweiht – in einer totalen Vertrautheit, wenn auch gänzlich körperlos. Dennoch wird von ihm erwartet, dass er heiratet und Kinder hat, wie jeder andere. Er ist an eine Art von ewigem Leben gebunden, über die normalen Grenzen und Begrenzungen menschlicher Existenz hinaus.

Der biblische Priester weist durch sein Anderssein auf die normalen Dimensionen hin, in denen wir unser Leben führen. Dieser Text erinnert uns an die außergewöhnliche Vielfalt der menschlichen Intimität und die grenzenlosen Beziehungen, die wir während unseres Lebens erleben und an die vielen Verluste, die wir erleiden werden und zu beklagen haben. Die Verantwortung dafür, wie wir in der Gegenwart Gottes leben, hängt heute nicht mehr von den Ritualen einer Priesterkaste ab. Diese Verantwortungen und Möglichkeiten liegen allein in unserer Hand.

Heilige Orte - Nasso Num 4:21-7:89

Die Lesung dieser Woche aus dem Buch Numeri beschreibt eine Veränderung im Leben der Kinder Israel auf ihrer Wüstenwanderung. Sie haben das Heiligtum gebaut, das das Zentrum ihres Lagers bildet. Solange das Heiligtum existiert, ist Gott gegenwärtig. Aber es müssen einige Vorkehrungen getroffen werden, damit das Heiligtum nicht rituell unrein wird, denn das könnte den Zorn Gottes heraufbeschwören und Unheil würde über das Lager hereinbrechen. Heilige Orte müssen mit Respekt und Sorgfalt behandelt werden.

Die Bibelstellen dieser Lesung erklären genau, welche Vorkehrungen getroffen werden müssen. Als das Volk aufbricht, hätte theoretisch eigentlich alles fertig sein müssen und nichts hätte passieren dürfen.

Aber als diese Theorie einige Kapitel später überprüft wird, geht doch einiges schief. Fehler passieren, die Menschen gehorchen Gott nicht und tatsächlich bricht unheil über sie herein. Alle religiösen Systeme müssen ein Gleichgewicht finden zwischen dem Ideal und der menschlichen Wirklichkeit. Veränderungen betreffen uns alle. Oft können wir bestenfalls – besonders in religiösen Fragen – eine Art heiligen Kompromiss erhoffen.

Durch eine Erfahrung, die ich kürzlich machte, ist mir sehr bewusst, wie wichtig es ist, sich mit Veränderungen zu arrangieren. Seit über dreißig Jahren habe ich eine jährliche Konferenz in Deutschland mit organisiert. Sie bringt Juden, Christen und Muslime Zusammen. Das Ziel ist, ein größeres Verständnis für den Glauben und die Praktiken der anderen zu schaffen. Darüber steht die Hoffnung, dass sich Verbindungen und ein Netz von Kontakten ergeben, die auch in ihrem Leben und in ihrer Arbeit fortbestehen.

Die Konferenz fand in diesen dreißig Jahren fast immer am gleichen Ort statt, dem Hedwig-Dransfeld-Haus in Bendorf, dem HDH. Aber im letzten Jahr musste das HDH aus finanziellen Gründen geschlossen werden und wir mussten kurzfristig an einen anderen Ort umziehen. Obwohl wir das Programm anpassen mussten, war es uns möglich, die wichtigsten Elemente zu erhalten und die Konferenz war ein Erfolg. Aber es gab ein unerwartetes Problem.

Ein Höhepunkt der Konferenz ist in jedem Jahr die Möglichkeit, die jeweils anderen Gottesdienste zu besuchen. Im HDH gab es einen großen Raum, der als gemeinsamer Gebetsraum genutzt wurde. Während der Konferenz konnte er am Freitag Moschee, am Samstag Synagoge und am Sonntag Kirche sein. Den Rest des Jahres nutzte ihn die örtliche katholische Gemeinde für ihren täglichen Gottesdienst. Während der Konferenz wurden alle Christlichen Symbole entweder entfernt oder abgedeckt, so dass ein neutraler Raum entstand, in dem sich alle Teilnehmer der unterschiedlichen Religionen bei ihren Gottesdiensten wohl fühlen konnten. Es zeigte eine große Sensibilität der Leitung des HDH und auch eine große Offenheit bei denen, die den Raum sonst nutzen, dass das möglich war. Als Gastgeber wollten sie sicher sein, dass ihre Gäste sich wohl fühlten. Aber sie haben auch erkannt, welche Kraft von religiösen Symbolen ausgeht. Es musste also ein Weg gefunden werden, ihren eigenen Bedürfnissen und denen ihrer Gäste gerecht zu werden.

Es ist ein Zeichen für unser religiöses Selbstverständnis und unseren Glauben, wenn wir bereit sind, die Dinge zu entfernen, die uns heilig sind, um Raum für andere zu schaffen. In den dreißig Jahren dieser Konferenz, spürten wir oft die Anwesenheit Gottes in dem Raum. Und obwohl wir diese Veränderungen in unserem gemeinsamen Sakralraum vornahmen, ist nie eine biblische Plage ausgebrochen!

In unserem neuen Domizil erlebten wir in diesem Jahr eine ganz andere Situation. Wir befanden uns in einem katholischen Haus mit konservativer Tradition. In jedem Raum befanden sich ein großes Kruzifix sowie religiöse Bilder und Symbole. Einige Organisatoren haben darauf sehr stark reagiert. Statt des neutralen Raumes, den wir gewohnt waren, befanden wir uns nun an einem Ort mit einer starken und ganz eigenen religiösen Identität. Wir bemerkten, dass einige Teilnehmer das als störend empfinden könnten, besonders diejenigen, die zum ersten Mal kamen.

Bei der abschließenden Planungssitzung erkannten wir die Bedeutung dieses Punktes für die Konferenz selbst. Wir sprachen darüber, welchen Beitrag unsere unterschiedlichen religiösen Traditionen zu aktuellen sozio-politischen Themen leisten können. Dabei sind wir auf eine heute sehr wichtige Frage gestoßen: Wie gehen wir mit der öffentlichen Zurschaustellung von religiösen Symbolen einer anderen Glaubensrichtung um? Wie sollen wir in einer multikulturellen Gesellschaft reagieren auf muslimische Kopftücher, jüdische Kippas, christliche Kreuze oder die Turbane der Sikhs? Können wir zulassen, dass solche Symbole gezeigt werden? Erlauben wir sie gar nicht? Gehen wir davon aus, dass es eine Mehrheitsreligion gibt, die ihre religiösen Symbole zur Schau stellen kann, während wir anderen dieses Recht verweigern?

So wurde uns unsere eigene Situation auf dieser Konferenz besonders bewusst. Nach so vielen Jahren am gleichen Ort, an dem wir uns heimisch fühlten und unsere Umgebung gestalten konnten, waren wir nun im Exil. Wir waren abhängig von der Großzügigkeit und der Offenheit unserer neuen Gastgeber. Wie andere Exilanten trugen wir die Erinnerungen mit uns an den Ort, den wir verlassen mussten und an die Freiheit, die wir kannten. Wir waren unseren neuen Gastgebern durchaus dankbar und wollten ihre Kultur und ihre religiösen Ausdrücke respektieren. Aber wie sollten wir Raum für unsere eigenen Bedürfnisse finden?

Wir diskutierten eine Reihe von Möglichkeiten. Wir könnten fordern, dass alle religiösen Symbole entfernt werden und – sollten unsere Gastgeber damit nicht einverstanden sein – nach einem anderen Raum suchen. Wir könnten versuchen, sie zu ignorieren und so zu tun, als seien sie lediglich Teil der Dekoration und der Tapete und deshalb von keinerlei Bedeutung. Aber das würde wieder bedeuten, die Religion unserer Gastgeber nicht zu respektieren. Wir begannen zu verstehen, welche Schwierigkeiten ein Neuanfang mit sich bringt. Wie weit versuchst du, deine eigene Tradition und Identität zu erhalten? Wie weit passt du dich an den neuen Ort an? Oder findest du einen Mittelweg, indem du dir deinen eigenen Raum schaffst und gleichzeitig versuchst, dich zu gut wie möglich anzupassen?

Natürlich hat man nicht unbedingt die Wahl. Es ist möglich, dass die Gastgeber darauf bestehen, sich ihnen anzupassen. Wie weit sie die andere Identität zulassen hängt von ihrer eigenen Sicherheit ab. Wenn sie selbst unsicher sind, werden sie gegenüber den Bedürfnissen anderer weniger tolerant sein. Wenn sich zwei Gruppen von unsicheren Menschen gegenüberstehen, dann kann die Situation sehr brenzlig sein.

In unserem Fall haben wir mit dem Direktor des Hauses gesprochen. Er war unseren Wünschen gegenüber sehr aufgeschlossen. Wir hatten uns für einen Kompromiss entschieden, der beide Seiten respektierte. Wir baten darum, dass die Kreuze in den Gemeinschaftsräumen während der Konferenz entfernt werden. In den Schlafräumen sollten sie jedoch bleiben und die Teilnehmer sollten selber entscheiden, ob sie entfernen. Aber wir schlugen auch vor, dass die anderen religiösen Bilder und Symbole an ihrem Platz bleiben sollten, so dass die Identität des Hauses gewahrt bliebe. Der Direktor stimmte sofort zu. Er fand es wichtig, als

Gastgeber dafür zu sorgen, dass seine Gäste sich wohl fühlten. So wurde unser Problem gelöste. Wir erklärten den Teilnehmern der Konferenz unsere Entscheidung und es gab keine Diskussion mehr darüber. Direkt nach der Konferenz wurden die Kruzifixe wieder an ihren Platz gehängt, so dass die nächste Besuchergruppe sie dort vorfand, wo sie sie erwarteten.

Natürlich war das nur eine kleine Episode und es war leicht, eine Lösung zu erarbeiten. Aber die Großzügigkeit und Offenheit, die im Herzen unserer religiösen Tradition steht, konnte sich dadurch zeigen. Wir haben gelernt, unser Heiligtum zu teilen und konnten einen erfolgreichen heiligen Kompromiss feiern.

Die Erkundung des Landes - Schelach Lecha Num 13:1-15:41

Der Bibellesung dieser Woche aus dem Buch Numeri erzählt die Geschichte der Männer, die von Moses ausgesandt wurden, das gelobte Land zu erkunden. Das Ergebnis dieser Mission war verheerend. Alle Kundschafter waren sich einig, dass das Land tatsächlich fruchtbar war. Aber sie berichteten auch, dass die Menschen stark und die Städte gut befestigt seien und dass es dort sogar Riesen gebe. Zehn der zwölf Kundschafter waren überzeugt, dass sie niemals in der Lage wären, das Land zu erobern. Aber zwei von ihnen, Caleb und Joshua, glaubten, dass es möglich sei. Das beschwor eine Krise herauf, die beinahe das ganze Projekt gefährdet hätte. Einige schlugen sogar vor, einen neuen Anführer zu wählen und wieder nach Ägypten zurückzukehren.

Wenn wir uns diese Geschichte genauer ansehen, stellen wir fest, dass es zwei unterschiedliche Schichten in den Berichten der Kundschafter gibt. Sie werden vor unterschiedlichen Zuhörern gegeben und haben jeweils eine andere Betonung. Diese scheinbare Wiederholung hat die Gelehrten zu der Annahme gebracht, dass es zwei unterschiedliche Berichte über die Ereignisse gab und diese zusammengefügt worden sind. Aber immer, wenn es solch scheinbare Wiederholungen in der Hebräischen Bibel gibt, lohnt es sich, die Unterschiede genauer zu betrachten.

Der Ablauf ist ganz klar. Die heimkehrenden Kundschafter berichteten Moses, Aaron und einer ausgewählten Gruppe von Anführern des Volkes. Sie zeigten die Früchte und lobten die Qualität des Landes, aber sie betonten auch, wie schwierig die militärische Eroberung sein würde. An dieser Stelle spricht Caleb. Er beschwichtigt das Volk und sagt: „Lasst uns gehen und das Land erobern; wir vermögen es gewiss zu überwältigen". Aber die zehn Kundschafter widersprechen ihm: „Wir können nicht gegen dieses Volk ziehen, es ist stärker als wir".

Die Diskussion scheint nur mit militärischen Begriffen geführt worden zu sein. Sind die Israeliten stark genug, um das Land zu erobern? Natürlich haben die zehn Kundschafter ein legitimes Argument. Die Israeliten sind erst vor kurzem aus der Jahrhunderte langen Sklaverei in Ägypten befreit worden. Vielleicht fehlten ihnen die militärischen Kenntnisse. Aber vor allem fehlte ihnen die Selbstsicherheit, um dieses Risiko einzugehen. Zweifellos mangelte es den Anführern des Volkes an der Entschlossenheit, ein solches Abenteuer zu unternehmen.

Wie so häufig in der Hebräischen Bibel, scheint zwischen dieser Diskussion und den folgenden Ereignissen etwas geschehen zu sein, über das nicht berichtet wurde. Obwohl kein Grund dafür genannt wird, erfahren wir im nächsten Satz, dass die Kundschafter ihre negative Meinung dem Volk gegenüber durchsickern ließen. Da sie versuchten, das Volk von ihrer Sichtweise zu überzeugen, stellen sie das Land selbst als Problem dar. Jetzt ist es das Land, das „seine Bewohner verzehrt". Darüber hinaus sind nun alle Bewohner Riesen und die Kundschafter fühlten sich ihnen gegenüber unbedeutend. Möglicherweise haben sie diese Geschichten nur ihren Familien erzählt, als sie heimkamen und sie sind auf diese Weise in Umlauf gekommen. Wie dem auch sei, es ist wahrscheinlicher, dass sie diese Geschichten gezielt ausstreuen. Trotz ihrer Zweifel und Warnungen muss Moses entschieden haben, die Eroberung fortzusetzen. Um ihn zu stoppen, versuchten sie, das Volk gegen Moses aufzuhetzen, indem sie ihre negativen Berichte ausstreuten.

Das nächste Kapitel beschreibt, was in der folgenden Nacht geschah. Die Anführer trafen sich und murrten und berieten, was zu tun sei. Das Volk im Lager aber klagte die ganze Nacht. Am Morgen wandten sich alle gegen Moses und sie wollten einen neuen Führer ernennen, der sie wieder zurück nach Ägypten bringen sollte.

Als Reaktion warfen sich Moses und Aaron vor der versammelten Gemeinde auf ihr Angesicht. Für diese Handlung gibt es verschiedene Erklärungen. Vielleicht beteten sie zu Gott. Aber diese Geste könnte in der formalen Sprache der Bibel auch eine andere Bedeutung gehabt haben, nämlich, dass Moses und Aaron ihre Bereitschaft zeigten, die Autorität und die Entscheidung des Volkes zu akzeptieren. Es würde eine öffentliche Diskussion und Abstimmung geben, um darüber zu entscheiden, was geschehen sollte. Und Moses zeigte, dass er sich dem Willen des Volkes beugen würde.

In diesem Kontext hören wir einen zweiten Bericht über das Land. Aber diesmal wird Joshua vor Caleb genannt und wir müssen annehmen, dass er der Wortführer ist. Sie beginnen mit der Versicherung, dass das Land sehr gut ist. Aber dann bringen sie ein anderes Argument. Wenn der Herr ihnen wohl gesonnen ist, wird er ihnen dieses Land geben, nicht ihre eigene militärische Stärke. Ihre Weigerung das Land zu erobern ist eine Rebellion gegen Gott. Sie müssen die Bewohner des Landes nicht fürchten, denn deren Schutz sei von ihnen gewichen.

Doch obwohl das Volk die Macht Gottes erfahren hatte, indem er sie aus Ägypten gerettet und sicher durch das Schilfmeer geführt hatte, war es von diesen Argumenten nicht überzeugt. Sie drohen sogar, Joshua und Caleb zu steinigen. Nur durch das Eingreifen Gottes wurden sie gerettet.

Es ist bemerkenswert, dass Moses während der ganzen Debatte über die Berichte der Kundschafter schweigt. Caleb schlägt die militärische Lösung vor, Joshua vertraut auf Gottes Eingreifen zu ihren Gunsten, die Kundschafter selbst sind von Zweifeln und Angst geplagt, das Volk erfährt Verwirrung und Angst. Aber Moses schweigt.

All das sind erkennbare Reaktionen auf eine Krise im Volksleben. Die Bibel stellt ihre eigene Sicht dar, wer am Ende Recht hat und wer den

Willen Gottes verstanden hat. Joshua wird vielleicht Moses' Nachfolger als Führer des Volkes werden. Aber zu dem Zeitpunkt als solche lebenswichtigen Entscheidungen über das weitere Vorgehen getroffen werden mussten, wusste niemand, wie man sich entscheiden und wem man glauben sollte. Deshalb beschreibt der biblische Bericht peinlich genau die verschiedenen Stimmen und Meinungen und die Schwierigkeiten bei der Entscheidungsfindung. Der Wille Gottes ist nicht leicht zu erkennen.

Die Geschichte der Kundschafter hat zweifellos heute eine besondere Bedeutung. Das Land Kanaan ist nach zweitausend Jahren wieder im Besitz des jüdischen Volkes. Wie früher gibt es andere Völker, die dort leben und als Bedrohung empfunden werden. Es gibt Führer wie Caleb, die eine militärische Lösung des Problems vorschlagen. Es gibt andere, die glauben, dass Gott sich für sie einsetzen und alle Hindernisse beseitigen wird. Aber diese offensichtlichen Gewissheiten von wenigen verbergen die tiefe Unsicherheit eines ganzen Volkes.

Heute muss ein anderes Gebiet erobert werden. Dieses Gebiet ist nicht nur eine geographische, sondern eine innere Landschaft, bewohnt von zwei Völkern, die widerwillig versuchen, einen Weg des Zusammenlebens zu finden. Es gibt immer noch die Vision eines fruchtbaren Landes, durchflossen von Milch und Honig, aber nun muss dieses Land unter zwei Völkern geteilt werden. Dieser Vision entgegenstehen die gleichen Tatsachen, auf die die biblischen Kundschafter gestoßen sind. Beide Völker, die dieses Land bewohnen haben eine Geschichte und Erfahrungen, die es fast unmöglich machen, sich ein friedliches Zusammenleben vorzustellen. Da gibt es befestigte Städte, die erobert werden müssen, Stellen und Einstellungen, wo Verteidigung und Aggression die fest verwurzelten Antworten auf jede Veränderung sind. Und es gibt auch Riesen, die bezwungen werden müssen. Monströse Bilder voneinander, entstanden durch vergangenes Grauen und Propaganda, die die Vorstellungen beider Völker beeinflussen. Solche Bilder machen es beinahe unmöglich, die Menschlichkeit und die Verletzlichkeit der anderen Seite zu sehen. Jeder Bericht von Kundschaftern über dieses neue Gebiet kann zu einer neuen Katastrophe führen.

So werden wir mit einander widersprechenden Meinungen über, das was zu tun ist zurückgelassen. Politische Führer treffen sich in nächtlichen Sitzungen, diskutieren miteinander und beschimpfen sich. Und in ihren jeweiligen Lagern klagen beide Völker vor Verzweiflung und Hoffnungslosigkeit.

Das Resultat der biblischen Geschichte war, dass die Israeliten vierzig Jahre durch die Wüste wandern mussten. Sie mussten auf eine neue, in Freiheit geborene Generation warten, um den Mut und die innere Sicherheit zu haben, das Risiko einzugehen und das gelobte Land zu erobern. Aber heute kann keine Seite es sich leisten, vierzig Jahre zu warten. Sie sind dazu bestimmt, an der Grenze zu stehen und die Verbitterung, Unsicherheit und Selbst-Zerstörung des Exils zu ertragen. Oder andernfalls das Risiko einzugehen und das neue Land ohne Kundschaftern, ohne einen Moses und ohne irgendeine göttliche Garantie gemeinsam zu betreten.

Der Aufstand gegen Moses - Korach Num 16:1-18:32

Die Thora-Lesung dieser Woche erzählt die dramatische Geschichte des Aufstandes in der Wüste gegen die Führerschaft Moses durch Korach und verschiedene andere Israeliten. Die begleitende Lesung aus den Propheten, die Haftarah, steht im ersten Buch Samuel, Kapitel 11 und 12. Sie handelt von der Salbung Sauls zum König und der Warnung des Propheten Samuel, dass das Volk Israel auch weiterhin Gott gehorsam sein soll, auch wenn es nun einen König als Anführer hat. Israels Bund mit Gott verlangt die Bildung einer Gesellschaft, die auf der Gerechtigkeit für jedermann basiert. Samuel ist besorgt, dass ihr erster König mit seiner Ernennung seine Macht ausnutzen und die Werte des Bundes unterlaufen könnte. In beiden Passagen fordert der Führer einer Nation, Moses oder Samuel, eine öffentliche Prüfung seine Aktivitäten daraufhin, ob er korrupt gehandelt oder seine Macht missbraucht habe.

Beim Aufstand gegen Moses wird dieser beschuldigt, als politischer Führer darin versagt zu haben, die Kinder Israel in ein Land zu bringen in dem Milch und Honig fließen, wie er es versprochen hatte. Die Bibel berichtet hier zum ersten Mal davon, dass Moses die Fassung verliert.

Da zürnte Moses sehr und sprach zum Ewigen: Wende dich nicht zu ihrer Opfergabe. Nicht einen Esel habe ich ihnen weggenommen und keinem von ihnen ein Leid getan. (Numeri 16:15)

Moses schwört öffentlich vor Gott, so als wolle er zeigen, dass sein Handeln ganz aufrichtig war. Aber warum verweist er darauf, dass er niemals einen Esel genommen habe, um seine Aufrichtigkeit zu demonstrieren? Die Rabbiner schlagen eine Lösung vor. Moses nahm seinen eigenen Esel, als er von Midian zurück nach Ägypten reiste um dem Pharao entgegenzutreten. Er war in seinem Verhalten so skrupelbehaftet, dass er sich geweigert hatte Bezahlung zu verlangen, obwohl er das

Recht gehabt hatte, sich von den Israeliten das Futter des Esels und seine anderen Ausgaben erstatten zu lassen!

Als Samuel die Macht an König Saul übergibt, erklärt auch er vor dem Volk, dass er niemals einen persönlichen Vorteil aus seiner Führungsposition gezogen habe. Dies ist also einer der Punkte, der die beiden Passagen miteinander verbindet. Samuel sagt:

Hier bin ich, zeuget wider mich, gegenüber dem Ewigen und gegenüber seinem Gesalbten: wessen Ochsen habe ich genommen, oder wessen Esel habe ich genommen, oder wem habe ich etwas vorenthalten? Wen habe ich gedrückt, oder aus wessen Hand habe ich Lösegeld genommen, dass ich ein Auge zugedrückt hätte? – und ich will es euch erstatten. (1 Samuel 12:3)

Das Volk bestätigt, dass Samuel tatsächlich keines dieser Verbrechen schuldig ist.

Als Samuel erklärt, dass er immer integer gehandelt habe, gibt er dem Volk noch einen anderen Hinweis auf die Risiken, die mit der Ernennung eines Königs verbunden sind. Er hatte sie bereits gewarnt, dass ein König ihr Land beschlagnahmen würde, um es an seine Freunde zu geben. Er würde auch ihre jungen Männer und Frauen und sogar ihre Esel nehmen, damit sie für ihn arbeiten (1 Samuel 8:16). Samuel steigt ab, aber er demonstriert dem Volk und auch seinem Nachfolger König Saul, dass ein wahrer Führer in Israel nach dem Gesetz handeln und sich integer verhalten muss.

Unsere beiden Textstellen zeigen, dass Führungspersönlichkeiten öffentlich zur Verantwortung gezogen werden müssen und dass ihre Aktivitäten, insbesondere ihre finanziellen Transaktionen völlig transparent und kontrollierbar sein müssen.

Moses bezieht sich nur auf ein spezielles Fehlverhalten, indem er von einem Esel spricht. Samuel indessen spricht von fünf verschiedenen Situationen, die ein Führer zu seinem eigenen Vorteil ausnutzen könnte. Da es nur wenige Gelegenheiten gab, seine Macht zu missbrauchen, als Moses die Israeliten durch die Wüste führte, reichte ein Beispiel aus. Samuel war wesentlich mehr Verlockungen im Amt ausgesetzt, da er in einer niedergelassenen Gemeinschaft lebte, die im Begriff war, eine Nation zu werden. Wie sollen wir Samuels Liste heute auffassen?

Ein Ochse war in biblischen Zeiten ein kostbarer Besitz, so dass der Diebstahl eines Ochsen ein schwerwiegendes Verbrechen gewesen wäre. Aber die Rabbinen fassten diesen Vers anders auf. Sie wiesen darauf hin, dass Samuel Gott normalerweise Ochsen opferte und die Gelegenheit nutzte, Gott um Gnade für das Volk um Bezahlung bat. Das zeigte, dass ein Führer nicht in erster Linie von dem Wunsch nach persönlichem Gewinn motiviert sein sollte – ob das finanzieller Gewinn oder größeres Prestige sei – sondern immer die Bedürfnisse des Volkes an erste Stelle setzen sollte. Führerschaft in diesem Sinne ist eine Art von persönlichem Opfer zum Wohle anderer.

Die Rabbinen dachten, dass Samuel, wie Moses, seinen eigenen Esel nahm, wenn er für das Volk durch das Land reiste und dafür niemals eine Bezahlung erhielt, auch wenn er dazu berechtigt war. Dieses Beispiel bezieht sich auf all die Vergünstigungen, die politische Führer bekommen. Die Nutzung von Freiflügen für private Reisen, die Abrechnung von privaten Kosten über Spesen, die Beschäftigung von Familienangehörigen oder Freunden – all diese Dinge fallen unter Amtsmissbrauch. Samuel besteht darauf, dass sein Bericht in diesem Bereich ebenfalls genau untersucht werden soll.

Die Rabbinen verstanden das dritte Fehlverhalten, das Samuel nennt als Betrug. Sie meinten damit die ungerechtfertigte Vorteilnahme von Men-

schen aus dem Vertrauen, das ihnen entgegengebracht wird. Die moderne Übersetzung dafür wären die Versprechungen, die Politiker im Wahlkampf machen und die sie nicht immer einhalten wenn sie erst einmal an der Macht sind. Regierung ist immer komplizierter als es Außenstehenden erscheinen mag und deshalb ist es verständlich, dass Wahlversprechen angepasst und Kompromisse gemacht werden müssen. Aber Versprechen, die nur zynisch gemacht worden sind, um gewählt zu werden und nicht in der Absicht, sie auch einzuhalten, sind ein Vertrauensbruch. Überdies bringen sie das gesamte Gefüge von Politik und Regierung in Misskredit. Die Rabbinen nennen diese Art von unakzeptablem Verhalten 'Das Herz betrügen'.
Samuels vierte Frage 'Wen habe ich gedrückt?' ist vielleicht noch wichtiger. Führerschaft ist oft der heikle Versuch der Balance zwischen den Bedürfnissen und Interessen von vielen verschiedenen Gruppen innerhalb der Gesellschaft. Ein Rabbi hat es so ausgedrückt:

Bete für das Wohlergehen der Regierung, denn, wenn die Furcht vor ihr nicht wäre, würde Einer den Andern lebendig verschlingen. (Pirqe Avot 3:2)

Aber die Versuchung für jeden Führer besteht darin, diejenigen zu bevorzugen, die ihn oder sie am wahrscheinlichsten wiederwählen werden, zum Nachteil von anderen. In der mildesten Form kann das zu ungerechter Behandlung und Diskriminierung führen. Im schlimmsten Fall kann das absichtliche Ausgrenzung oder sogar Verfolgung einer bestimmten Minderheit bedeuten. All zu oft haben Führer die Emotionen einer gesellschaftlichen Gruppe gegen eine andere ausgespielt, um ihre eigenen politischen Ziele zu verfolgen oder an der Macht zu bleiben. Samuel warnt uns, dass wir uns der speziellen Voreingenommenheiten oder sogar Vorurteile derjenigen bewusst sein sollen, die wir in verantwortungsvolle Stellungen wählen und einen Mechanismus in Kraft zu setzen, der einen Missbrauch von Macht kontrollieren und korrigieren kann.

Den letzen Punkt, den Samuel nennt, Bestechung, der Verkauf von Gefälligkeiten durch Menschen in Machtpositionen, ist das umstürzerischste und zerstörerischste Verbrechen. Bestechung zerstört das Urteilsvermögen und letztlich auch das Ansehen desjenigen, der sie akzeptiert und sie korrumpiert die Integrität desjenigen, der sie anbietet. Bestechung untergräbt das Vertrauen in die Spielregeln des Gesetzes, ohne die eine Gesellschaft nicht bestehen kann.

Wenn Moses und Samuel unter den größten Führer in biblischer Zeit es für wichtig hielten, ihre Aufzeichnungen der Öffentlichkeit zur Prüfung vorzulegen, wie viel dringender sollte das jemand tun, der mit einer Führungsposition betraut wurde. Niemand steht über den Versuchungen der Macht. Es liegt in unserer Verantwortung, Schutzmechanismen zu installieren, die einen Machtmissbrauch, wie Samuel ihn beschreibt, verhindern. Aber auch zu ehrlichem Verhalten zu ermutigen um deretwillen, die in Machtpositionen sind, ebenso wie um unsretwillen. Wenn wir nicht so handeln, dürfen wir nicht überrascht sein, wenn unsere Führer scheitern, da wir sie letztlich zum Scheitern gebracht haben.

Der Tod der Miriam - Chukat Num 19:1-22:1

Die Lesung dieser Woche aus Numeri, Kapitel 20 berichtet von zwei Todesfällen. Sie beginnt mit dem Tod von Miriam, der Schwester von Moses. Sie hat in einigen wichtigen Passagen der Bibel eine Rolle gespielt. Als Moses geboren wurde und es nicht länger möglich war, ihn vor den Ägyptern zu verstecken, legte seine Mutter ihn in einen Bastkorb auf dem Nil. Seine Schwester Miriam verfolgte den Korb, bis er zufällig von der Tochter des Pharaos gefunden wurde. Dadurch war es seiner wahren Mutter möglich, seine Amme zu werden und seine ersten Jahre zu begleiten.

Das nächste Mal taucht Miriam auf, als sie nach der erfolgreichen Durchquerung des Schilfmeeres singend und tanzend die Frauen anführt. Hier wird sie als Prophetin bezeichnet, wovon in der Folge aber nicht mehr die Rede sein wird. Später beklagen sie und ihr Bruder Aaron sich über Moses Führung. Schließlich hat Gott auch durch sie gesprochen! Zur Strafe wird Miriam vom Aussatz befallen. Moses betet für sie zu Gott und sie wird geheilt. In unserem Kapitel erfahren wir nun ohne jegliche Vorwarnung, dass sie gestorben ist.

Am Ende desselben Kapitels erfahren wir vom Tod Aarons, des Bruders von Moses. Er war herausragender als Miriam, nämlich der erste Hohepriester und der Begründer der Priester-Dynastie. Am Hof des Pharao war er der Sprecher Moses. Er teilt einige der Führungsaufgaben mit Moses, scheint aber eine weniger entscheidende Person zu sein als sein Bruder. Als Moses von Gott auf dem Berge Sinai aufgehalten wurde und das Volke fürchtete, er werde nicht zurückkommen, war es Aaron, der ihnen das goldene Kalb als einen fassbaren Gott zur Anbetung gab. Später muss Aaron miterleben, wie zwei seiner Söhne durch ein Feuer vom Himmel getötet werden, weil sie versucht haben, sich Gott auf eine falsche Weise zu nähern. Bei seinem Tod nun, gibt es eine dreißigtägige Volkstrauer, ein Zeichen seiner Bedeutung und Popularität.

Die Rabbinen sagen, dass Israel drei große Führungspersönlichkeiten hervorgebracht habe: Moses, Aaron und Miriam. Und dass drei große Geschenke auf sie zurückgehen: Die Wasserquelle, die Wolke und das Manna. Die Wolke führte das Volk durch die Wüste und das Manna war seine Nahrung. Aber der erste Punkt der Liste, die Quelle, wird nur mit Miriam in Verbindung gebracht. In unserem Lesungstext heißt es nur, dass sie gestorben ist und begraben wurde. Aber der darauf folgende Satz führt in ein komplett neues Thema ein. Es wird berichtet, dass es kein Wasser gab und das Volk gegen Moses und Aaron aufbegehrte.

Eine Methode der Rabbinen zur Interpretation der Bibel war die, herauszufinden, warum zwei Passagen, die scheinbar nichts miteinander zu tun haben, nebeneinander platziert worden sind. In diesem Fall versuchten sie die Verbindung zwischen dem Tod von Miriam und dem Fehlen des Wassers herauszufinden. Sie kamen zu dem Schluss, dass zu ihren Lebzeiten eine Wasserquelle die Israeliten begleitete und immer dann auftauchte, wenn sie ihr Lager aufschlugen. Bei ihrem Tod verschwand die Quelle.

Unser Kapitel enthält ein weiteres dramatisches Ereignis. Als das Volk sich über das Ausbleiben des Wassers beklagt, bittet Moses Gott um Hilfe. Moses soll seinen Stab nehmen, mit dem er schon vorher Wunder vollbracht hat. Er soll zu einem markanten Felsen in der Wüste sprechen und Gott verspricht, dass daraufhin Wasser daraus fließen werde. Moses nimmt seinen Stab, aber statt nur zu dem Fels zu sprechen, macht er seinem Ärger über das Volk Luft. „Hört her, ihr Widerspenstigen, können wir für euch wohl Wasser aus diesem Felsen hervorquellen lassen?" Dann schlägt er den Felsen, wie er es schon einmal getan hat und es fließt viel Wasser heraus. Aber Gott ist verärgert über sein Benehmen.

Aus diesem Grunde werden Moses und Aaron so wie der Rest aller ihrer Generation dazu verdammt, in der Wüste zu sterben und das Gelobte Land nicht zu betreten.

Über die Härte dieser Strafe Gottes ist viel geschrieben worden. Es gibt viele Theorien darüber, was genau Moses falsch gemacht hat. Da wir aber eine Reihe von Ereignissen in diesem Kapitel diskutieren, sollte vielleicht noch eine andere Frage gestellt werden. Wie kann es sein, dass Moses trotz all seiner Erfahrung als Anführer und all der Krisen, die er in der Vergangenheit erfolgreich gemeistert hat, diesmal einen so elementaren Fehler begeht? Warum spricht er nicht einfach zu dem Felsen, wie es ihm aufgetragen wurde? Und warum verliert er die Geduld mit dem Volk? Kann es mit dem Tod von Miriam zu tun haben?

Aaron kümmerte sich um die Gottesverehrung und die Rituale. Moses sprach direkt mit Gott und bestimmte Ziel und Richtung der Reise ins Gelobte Land. Jemand anderes jedoch musste sich um die alltäglichen Dinge des Volkes kümmern. Vielleicht war das die Aufgabe von Miriam. Schließlich hat sie ihre praktischen Fähigkeiten bewiesen, als sie Moses gerettet hat. Dass sie und Aaron einige Aufgaben übernommen hatten, wird klar, als sie sich über Moses Führung beklagen. Warum hatte er eine Sonderrolle, wenn auch sie besonders waren? Diese typische Diskussion unter Geschwistern wird sehr viel ernster, wenn sie gleichzeitig die Anführer einer ganzen Nation sind.

In unserem Kapitel beklagt sich das Volk über das Fehlen von Wasser, wie sie es auch in der Vergangenheit getan haben. Vielleicht war es Miriam, die sich bisher um diese täglichen Sorgen gekümmert hat. Sie hat sie ermutigt, Lösungen für ihre Probleme vorgeschlagen oder ihre Ängste und Sorgen wahrgenommen. Sie war diejenige von den drei Anführern, an die das Volk sich wenden konnte, die ihnen zuhörte. Und sie war die Vermittlerin, die Moses diese Anliegen vorgetragen hat. Aber sie konnte sie ihm so vortragen, dass Moses sich nicht persönlich angegriffen fühlte und verstehen konnte, was zu tun war. Er konnte das Problem nun mit dem nötigen Abstand effektiv lösen. Ohne Miriam wird Moses nun direkt mit der Angst und der Wut der Menschen konfrontiert, und das hat sein Urteil beeinflusst. Ohne ihre beruhigende Anwesenheit, fühlte er sich bedroht und reagierte unangemessen.

Gibt es einen Beweis für diese These? Vielleicht in dem Titel „Prophetin", den man Miriam gegeben hatte. Eine Aufgabe der Propheten war es, als Mittler zwischen dem Volk und Gott zu fungieren. Für das Volk geben sie den Willen Gottes weiter - oft indem sie ihr Verhalten kritisieren, aber auch indem sie sie in schweren Zeiten trösten. Die großen Propheten wie Moses selbst und Jeremia standen vor Gott und versuchten, die Bedürfnisse und die Schwächen des Volkes zu vertreten. Sie baten für sie um Vergebung. Eine solche Rolle mag Miriam im Leben von Moses gespielt haben. Sie half ihm, mit den Herausforderungen und Ansprüchen der Führerschaft fertig zu werden, indem sie ihn vor dem direkten Angriff des Volkes schützte. Mit ihrem Tod, geht eine Schlüsselfigur der Staatsführung verloren. Ohne Miriam scheitert Moses bei der ersten neuen Aufgabe. Die Quelle, die ihn so lange erhalten hat, gab es nicht mehr.

Höre auf deinen Esel - Balak Num 2:2-25:9

Wenn wir als Kinder zum ersten Mal Bibelgeschichten lesen, dann sind das meistens besondere Kinderbibeln. Die Geschichten sind vereinfacht dargestellt, mit einer offensichtlichen Botschaft. Oft sind sie hübsch illustriert, so dass einige Bilder sich in unserem Kopf festsetzen: Der kleine David kämpft mit seiner Schleuder gegen den Riesen Goliath, Noah überwacht, wie die Tierpaare in die Arche gehen.

Bibelgeschichten werden ein Teil unseres Lebens, ebenso wie Märchen oder Legenden aus dem alten Griechenland und Rom.

Ein tapferes Tier oder ein besonders böser Mann sprechen Kinder besonders an. Die heutige Thora-Lesung aus dem Buch Numeri bietet beides: einen treuen Esel und einen bösen Zauberer namens Bileam. Unser kindliches Bild zeigt uns Bileam, als er die Kinder Israels verfluchen will. Er knurrt wütend und erhebt seinen Stab, um seinen Esel zu schlagen. Was er nicht sehen kann, ist dass sich ihm ein Engel mit gezogenem Schwert in den Weg stellt, obwohl der goldene Flügel hat und Licht schimmert. Bileam erscheint also besonders dumm und grausam. Er nimmt nicht wahr, was um ihn herum geschieht. Aber der Esel, auf dem er reitet, ist der wahre Held der Geschichte und des Bildes. Als das treue Tier den Engel erblickt, bleibt es stehen und versucht so seinen Herrn zu schützen.

Diese Kinderbilder vermitteln, dass Tiere nicht nur ihre eigene Sprache haben, sondern auch die menschliche Sprache perfekt verstehen. Meistens lassen sie die Menschen gewähren, egal wie töricht sie dem weisen Tier erscheinen mögen. Doch manchmal müssen selbst Menschen gewarnt werden! Dann bricht ein Tier sein übliches Schweigen und spricht. So zumindest können Kinder die Geschichte von Bileams Esel verstehen, wenn sie nur dieses Bild im Gedächtnis haben.

Aber wie ist es, wenn wir die eigentliche Bibelgeschichte als Erwachsene lesen? Wir müssen unsere Skepsis gegenüber sprechenden Tieren überwinden. Wenn wir gelernt haben, die Bibel wörtlich zu nehmen, dann kommen wir an dieser Stelle in Schwierigkeiten. Weder sprechende Tiere noch Engel mit goldenen Flügeln sind Teil unserer täglichen Erfahrungen. Moses Maimonides, der große jüdische Philosoph, war im Mittelalter mit demselben Problem konfrontiert. Er löste das Problem rational, indem er voraussetzte, dass Bileams Erlebnisse eine prophetische Vision waren. Wenn der Esel gesprochen hatte, dann nur in Bileams Vorstellung. Aber ist es das, was die Bibel wollte?

Wenn wir uns genauer ansehen, wie die Geschichte sich weiter entwickelt, stoßen wir auf ein noch größeres Problem. Es gibt einen großen Widerspruch im Verhalten Gottes gegenüber Bileam.

König Balak von Moab ist besorgt über die Ankunft der Israeliten in seinem Land. Er schickt deshalb eine Delegation zu Bileam, der als Zauberer gilt und die Macht des Wortes haben soll. Wen Bileam segnet, der ist gesegnet und wen er verflucht, der ist wirklich verflucht. Balak bittet ihn, die Israeliten zu verfluchen und zu zerstören. Bileam scheint dazu bereit, muss sich aber erst mit Gott beraten. Gott jedoch sagt ihm mit klaren Worten: 'Geh` nicht mit diesen Leuten und verfluche Israel nicht, denn sie sind gesegnet.' Bileam ist nun in Schwierigkeiten. Sein Ruf als Zauberer steht auf dem Spiel. Zu Balaks Boten sagt er deshalb nur: 'Gott erlaubt mir nicht, mit euch zu gehen.'

Die Boten kehren zurück zu König Balak. Da sie an einem königlichen Auftrag gescheitert sind, müssen sie sich selbst schützen und genau überlegen, was sie dem König sagen. Sie stellen Bileams Antwort deshalb etwas anders dar. Sie sprechen nicht von Gott, sondern sagen nur: 'Bileam hat sich geweigert, mit uns zu kommen'. König Balak ist offensichtlich praktisch veranlagt und glaubt, es sei eine Verhandlungstaktik von Bileam, um bessere Bedingungen zu erzielen. Er schickt also eine zweite Delegation, ehrenvoller als die erste, und mit einem besseren Angebot.

Das muss Bileams schlimmster Alptraum gewesen sein. Er ist gefangen zwischen dem wichtigen Auftrag eines bedeutenden Kunden und einem Gott, der ihm seine Chancen verdirbt. So erzählt er den Boten, dass er sich wieder mit Gott beraten muss, obwohl er weiß, dass Gott seine Meinung nicht ändern wird. Aber als er in der Nacht wieder mit Gott spricht, sagt Gott: 'Wenn die Männer gekommen sind, dich zu holen, dann geh` mit ihnen, aber sage nur dass, was ich dir sage!' Das ist ein erstaunlicher Gesinnungswandel Gottes, aber Bileam ergreift seine Chance und reitet auf seinem treuen Esel mit der Delegation. Da wird Gott wütend und schickt den Engel mit dem Schwert. Als der Esel das sieht und ausweicht, schlägt Bileam ihn. Beim zweiten Mal schlägt der Esel Bileams Bein gegen eine Mauer und Bileam schlägt das Tier erneut. Beim dritten Mal kann der Esel nicht mehr ausweichen, halt an und spricht.

Wie ist es zu erklären, dass Gott, der niemals seine Meinung ändert, das in dieser Geschichte gleich zweimal tut? Er befiehlt Bileam, nicht zu gehen, lässt ihn dann ziehen und versucht anschließend, ihn zu töten, weil er gegangen ist? Martin Buber und Franz Rosenzweig haben eine mögliche Antwort dafür gefunden, als sie an ihrer monumentalen deutschen Übersetzung der Hebräischen Bibel gearbeitet haben. Sie haben entdeckt, dass einige zentrale Worte in Bibelgeschichten häufig wiederholt werden. Das deutete auf eine Geschichte hinter der Geschichte, verbunden durch diese Worte, die erklärten, was wirklich geschehen war. In der Bileam-Geschichte entdeckten sie ein solches Wort, das hebräische Wort 'yosef', was soviel heißt wie 'hinzufügen' oder 'wiederholt etwas tun'. Es taucht erstmals auf, als die zweite Delegation Bileam aufsucht und er 'wieder' nach Gottes Meinung fragen will. Von da an taucht das

Wort 'wieder' auf, als der Engel 'wieder' und 'wieder' versucht, Bileam aufzuhalten und Bileam 'wieder' seinen Esel schlägt.

Für Buber und Rosenzweig bedeutete diese Wiederholung, dass Bileam seinen Bezug zur Realität in dem Moment verlor, als er 'wieder' zu Gott ging, obwohl er wusste, dass Gott niemals seine Meinung ändern würde. Sein Wunsch, für König Balak zu arbeiten und Israel zu verfluchen, ließ ihn glauben, dass er dafür das Einverständnis Gottes hatte. Da die Bibel Dinge fast nie psychologisch erklärt, sondern sich nur auf äußere Ereignisse bezieht, veranschaulicht dies am ehesten einen innere Haltung.
Ob wir diese Geschichte wörtlich verstehen oder als eine Vision: Bileams Geschichte wirft eine interessante Frage auf. Wie erkennen wir, wann unsere Reise eine falsche Richtung nimmt, wann unsere Wünsche und unsere Ziele uns auf einen zerstörerischen Weg führen? Bileam hätte die Zeichen erkennen können, als der Esel, dem er sein Leben lang vertraut hatte, begann, sich ungewöhnlich zu verhalten. Und als er begann, ihn zu schlagen, hätte er merken müssen, dass sein eigenes Verhalten falsch war. Spätestens, als er sich sein Bein verletzte, hätte er sehen müssen, wie selbstzerstörerisch seine Reise wurde, es waren Warnsignale für einen bevorstehenden Zusammenstoß.

Leider werden uns die Augen oft zu spät geöffnet: wenn wir andere Menschen bereits verletzt oder uns selbst geschadet haben oder wir mit dem Engel mit dem Schwert zusammengestoßen sind und erkennen, was wir getan haben. Ob Bileams Esel nun eine prophetische Vision ist, eine Warnung unsers Unterbewusstseins oder eben ein sprechender Esel – wir müssen seiner Stimme Gehör schenken.

Der angemessene Umgang mit Fanatikern - Pinchas Num 25:10-30:1

Die Thora-Lesung dieser Woche ist benannt nach Pinchas, Sohn des Eliezer, Sohn des Aaron. Aufgrund eines Ereignisses, das am Ende der Lesung der vergangenen Woche beschrieben wurde, kommt ihr jetzt besondere Aufmerksamkeit zu.

Auf ihrer Reise nach Kanaan haben sich die Israeliten an einem Ort namens Shittim niedergelassen. Dort wurden die israelischen Männer von den einheimischen Frauen dazu verleitet, ihren Gott „Baal Peor" anzubeten. Wütend fordert Gott Moses auf, alle Anführer zu hängen. Vermutlich sollte damit ihre Verantwortung für das Verhalten ihres Volkes betont werden. Aber der nächste Vers erklärt, dass Moses die Richter anweist, nur diejenigen zum Tode zu verurteilen, die sich Baal Peor verschrieben haben. Ob die Anführer dennoch gehenkt wurden oder ob dies ein Ersatz dafür war, ist nicht klar. War Moses eifriger als Gott oder hat er darauf bestanden, sich an das Gesetz zu halten? Selbst Gott konnte nicht derart willkürlich handeln. Die Menschen waren für ihr Verhalten verantwortlich und nur die Schuldigen sollten bestraft werden.

Ein Mann, der später Zimri genannt wird, Sohn des Salu, ein Prinz des Stammes von Simeon missachtet die Anweisungen Moses und nimmt eine midianitische Frau mit in sein Bett. Das hätte eine dauerhafte Verbindung zwischen den beiden Völkern und ihren Göttern bedeutet. Moses und die Anführer sahen dem hilflos zu. Vielleicht ist das schon ein Zeichen dafür, dass die Zeiten von Moses Führerschaft zu Ende gehen. Er ist nicht in der Lage, angemessen zu reagieren.

Wenn es ein Machtvakuum gibt, dann setzten sich oft andere Kräfte durch, manchmal auch gewalttätige. In diesem Fall war es der Priester Pinchas. Er nahm ein Speer und erstach die beiden im Bett. Dadurch hat er die Plage Gottes beendet. Am Beginn der heutigen Lesung sagt Gott, dass Pinchas durch seinen Eifer den Zorn Gottes vom Volk abgewendet habe. Mehr noch, wegen seiner Sorge um die Ehre Gottes, soll er belohnt werden. Er und seine Nachfahren sollen das ewige Priestertum erhalten. Außerdem vereinbart Gott mit Pinchas einen „Bund des Friedens".

Es gibt eine Reihe von Fragen an diese Geschichte. Aus biblischer Sicht scheint es, als sei die Tat von Pinchas gerechtfertigt. Das Paar, das er getötet hat, hat öffentlich und ganz bewusst die Autorität Gottes geleugnet. Das konnte die neue israelitische Gesellschaft nicht tolerieren. Moses und die Anführer sind hilflos. Das ist verhängnisvoll, weil so viel auf dem Spiel steht. Aber dass Pinchas das Paar öffentlich umbringt, ist ebenso problematisch. Er wird als Fanatiker dargestellt, der eigenmächtig handelt. Aber wenn der Eindruck entsteht, dass Gott diese Tat für akzeptabel hält, dann sind Tür und Tor für weitere ebenso brutale Taten geöffnet. Das Töten von Menschen im Namen Gottes kommt in der Geschichte der Religionen immer wieder vor, bis zum heutigen Tage. Und solch ein Text liefert dafür die biblische Rechtfertigung.

Kann man die Geschehnisse auch anders deuten? Eine neuere Deutung bringt eine überraschende Wendung in die Geschichte. Sie erkennt, dass Fanatiker immer wieder auftauchen und dass sie kontrolliert werden müssen. Gott setzt Pinchas als Priester ein, der bis in alle Ewigkeit für den Opferkult zuständig sein soll. Sein Fanatismus muss sich nun auf alle Einzelheiten des Tieropfers richten. Er muss die Untersuchung jedes einzelnen Tieres überwachen, das geschlachtet wird. Er muss nach Fehlern und Wunden suchen, durch die das Tier ungeeignet wäre. Er muss sicherstellen, dass die Schlachtung ordentlich durchgeführt wird, dass die richtigen Teile des Tieres geopfert oder aussortiert werden. Dann muss er dafür sorgen, dass alle dazugehörigen Rituale mit großer Sorgfalt ausgeführt werden und dass jede Kleinigkeit beachtet wird. Wie gut ist es, solche Energie und solchen Eifer auf diese relativ harmlosen Tätigkeiten zu richten. Jetzt ist jemand für den Opferkult zuständig, der genau die richtigen Eigenschaften dafür hat. Nie wieder kann der Zorn Gottes durch Fehler bei der Opferung ausgelöst werden. Pinchas muss das wie eine göttliche Gabe für ihn und seine Nachfahren vorgekommen sein. Andere mögen erleichtert gewesen sein, dass er dadurch davon abgehalten wird, sich in sensiblere Themen einzumischen.

Aber vielleicht hat diese Geschichte noch einen anderen Aspekt. Gott schließt mit Pinchas einen „Bund des Friedens". Es ist nicht klar, was das bedeutet, aber vielleicht ist ihm damit eine besondere Verantwortung für Schaffung und Erhalt des Friedens übertragen worden. All seine Energie, seine Hingabe, sein Fanatismus soll von der Gewalt weg und hin zu einem Streben nach Frieden und Harmonie gelenkt werden.

Wie schön solche Erklärungen auch sein mögen, das Hauptproblem von Pinchas Tat bleibt bestehen, nämlich die mögliche Rechtfertigung von solch brutalen Taten in der Zukunft. Nicht nur wir sehen hier heute ein Problem. Auch die rabbinische Tradition sah die Tat von Pinchas mit Sorge, das können wir heute an zwei Dingen erkennen. Da die Geschichte von Pinchas ein Teil der Heiligen Schrift ist, konnten die Rabbinen sie nicht einfach aus der Bibel entfernen. Aber sie konnten angeben, wie sie zu lesen ist. Zum einen teilen sie die Geschichte in zwei Teile. Die ersten neun Verse im 25. Kapitel des Buches Numeri beschreiben die Tat von Pinchas. Die Rabbiner haben aber festgelegt, dass die heutige Lesung erst mit dem zehnten Vers des Kapitels beginnt. Der Schwerpunkt der heutigen Lesung liegt nicht in der Tat von Pinchas, sondern in der Antwort Gottes. Deshalb lesen wir heute nur davon, dass Gott mit Pinchas einen „Bund des Friedens" schließt und dass Pinchas und seine Nachfahren für immer Priester sein sollen. Wir werden ermutigt, die positiven Seiten zu sehen, nicht die Gewalt.

Ebenso wichtig ist die Wahl der Haftarah, der Prophetenlesung in der Synagoge, die neben der Bibelstelle dieser Woche steht. Die Rabbinen wählten das 19. Kapitel aus dem ersten Buch der Könige, das von einer Krise im Leben des Propheten Elia erzählt. Die Rabbinen haben Pinchas oft mit Elia identifiziert, denn beide dienten Gott leidenschaftlich und beide neigten dazu, im Namen Gottes Gewalt auszuüben. Aber als Elia sich in diesem Kapitel beklagt, dass nur er allein eifrig Gott dient, weist Gott ihn an, auf einen Berg zu gehen. Ein Sturm kommt auf, der Berge zerbrechen und Felsen zerspringen lassen kann - aber Gott ist nicht in dem Wind. Dann gibt es ein Erdbeben - aber Gott ist nicht im Erdbeben. Als nächstes bricht ein Feuer aus - aber Gott ist nicht im Feuer. Aber nach dem Feuer kommt eine leise Stimme. Gott war nicht gleichzusetzen mit den gewaltigen Elementen, sondern mit der leisen und fragenden Stimme.

Die Stelle im Buch der Könige kritisiert Elia dafür, dass er glaubt, nur er würde Gott dienen und dass nur er allein wisse, wie er handeln müsse. Es ist nicht die Gewalt von Wind, Erdbeben und Feuer, die Gott bei den Menschen sehen will. Auf diese Weise stellen die Rabbiner die Geschichte von Pinchas in Frage, nicht indem sie sie entfernen, sondern indem sie sie kritisch deuten.

Aber was ist mit dem vorigen Leseteil, der mit der Tat von Pinchas endet? Auch hier haben die Rabbinen eine Haftarah-Lesung gewählt, die uns zwingt, Pinchas Tat zu hinterfragen. Sie steht beim Propheten Micha, Kapitel 6, und endet mit folgenden Worten: „Es ist dir mitgeteilt, o Mensch, was gut ist und was der Herr von dir verlangt: Nichts als Recht zu üben, Bundestreue zu lieben, und bescheiden zu wandeln mit deinem Gott."

Die Übergabe der Macht - Pinchas Num 25:10-30:1

Der größte Teil dieser Thora-Lesung besteht aus zwei langen Aufzählungen. Sie beginnt mit der Zählung der neuen Generation von Israeliten nach der vierzigjährigen Wanderschaft durch die Wüste. Der Abschnitt endet mit einer ebenso langen Schilderung der Opfer an den jährlichen Festtagen.

Der Thora-Abschnitt an diesem Schabbat enthält eine eindrucksstarke Geschichte über das bevorstehende Ende der Führerschaft von Moses. In der Lesung der vergangenen Woche waren Moses und die Ältesten in einer Krisensituation nicht fähig zu handeln. Sie standen weinend vor dem Versammlungszelt. An ihrer Stelle ergriff ein eifriger Priester mit Namen Pinchas die Initiative und tötete die Angreifer. Sein Eingreifen scheint die Krise überwunden zu haben.

Aber irgendetwas stimmt nicht, wenn Moses so wenig Kontrolle über die Ereignisse hat. So überrascht es nicht, wenn Gott Moses daran erinnert, dass er das gelobte Land nicht mehr lebend erreichen wird - obwohl er es schon sehen kann. Ob nun wegen seiner Führungsschwäche oder weil er von seinem baldigen Tod weiß, Moses erkennt, dass es an der Zeit ist, die Führung abzugeben. Er betet zu Gott um Hilfe.

„Es bestelle der Ewige, Gott der Geister in allem Fleische, einen Mann über die Gemeinde, welcher ausziehe vor ihnen und welcher einziehe vor ihnen, und der sie ausführe und der sie einführe, dass nicht sei die Gemeinde des Ewigen wie Schafe, die keinen Hirten haben." (Numeri 27:16-17)

Gott beauftragt Moses, Josua bin Nun in einer öffentlichen Zeremonie zu seinem Nachfolger zu ernennen.

In Moses Gebet zu Gott gibt es einige interessante Sätze. Er nennt Gott den „Gott der Geister in allem Fleische".

Das ist ein Satz, den Moses zuvor nur ein einziges Mal verwendet hat, allerdings in einem völlig anderen Zusammenhang. Während des heftigsten Aufstandes gegen Moses' Führerschaft durch seinen Vetter Korach, hat Gott gedroht, das gesamte Volk zu vernichten. Moses und Aaron beten mit den gleichen Worten zu Gott: „Allmächtiger, Gott der Geister in allem Fleische! Der eine Mann sündigt und über die ganze Gemeinde wolltest du zürnen?" (Numeri 16:22)

Gott erhört die Worte Moses und ermöglicht es dem Volk, sich von Korach und seinen Rebellen zu distanzieren, damit das Volk nicht mit ihnen vernichtet wird. In beiden Situationen appelliert Moses an das einzigartige Wissen Gottes über jede einzelne Person, beide Male jedoch mit unterschiedlicher Betonung. Im Falle der Rebellion wird Gott angefleht, sich nur gegen eine einzelne Person zu wenden, nicht gegen das gesamte Volk. Es ist ein starker Appell, die Verantwortung des Einzelnen anzuerkennen. Im heutigen Abschnitt bittet Moses Gott, ihm die Person zu zeigen, die an diesem Wendepunkt die Führung übernehmen kann.

Nur der „Gott der Geister in allem Fleische" kann in die Herzen der einzelnen Person sehen und eine solche Wahl treffen. Wer auch immer der Nachfolger von Moses sein wird, welche Eigenschaften er auch mitbringen mag, nur Gott kann beurteilen, welche Fähigkeiten er für seine Aufgabe benötigt.

Als er Josua nominiert, spricht Gott von ihm als einem Mann, der „den Geist in sich trägt". Daraus schließen die Rabbinen, dass ein wirklicher Führer in der Lage sein muss, die individuellen Bedürfnisse all der sehr unterschiedlichen Menschen zu erkennen, die er führen soll.

Unser Abschnitt beschreibt aber auch, wie die Aufgaben eines Führers definiert sind: „Er soll vor ihnen aus- und eingehen".

Die meisten Kommentatoren vermuten, dass dieser Satz militärisch zu deuten sei. Ein guter militärischer Führer führt seine Truppen an, er bleibt nicht einfach im Hintergrund und beobachtet seine kämpfenden Männer. Den größten Teil seines Lebens war König David ein solcher Führer. Nur ein einziges Mal geriet er in Schwierigkeiten, nämlich als er die verheiratete Bathsheba in sein Bett holte, anstatt seinen Truppen beizustehen.

Andere Stellen in der Bibel unterscheiden zwischen der rein militärischen Rolle eines Führers und den umfangreicheren Aufgaben, die er als Richter und in öffentlichen Angelegenheiten zu lösen hat.

Ein Politiker, der sich aktiv für jüdische Belange einsetzte, hat einmal gesagt dass „die Rolle eines Führers darin besteht, das jüdische Volk anzuführen in die Richtung, in die es selber gehen will" Er sah das als eine positive Eigenschaft. Manchmal aber muss ein Führer sein Volk in eine Richtung führen, in die es gehen muss, ob es will oder nicht. Vielleicht sind damit auch nur zwei unterschiedliche Typen von Führern gemeint: Einer, der auf Verständigung, Kompromiss und Einvernehmen baut und ein anderer, der es wagt, neue Wege auszuprobieren und andere dorthin zu führen. Doch der zweite Teil des Satzes - „vor ihnen eingehen" - erinnert daran, dass kein Führer erfolgreich ist, wenn er sich zu weit von seinem Volk entfernt, es hinter sich lässt und den Weg zurück nicht mehr findet.

Letztlich bedeutet Führerschaft: Ein Volk dazu zu bringen, einer bestimmten Richtung oder einer Vision zu folgen, wie schwierig das auch sein mag. Es ist keine einfache Aufgabe, die Moses an seinen Nachfolger übergibt.

Moses fordert, dass der neue Führer nicht nur vor ihnen „aus- und einzieht", sondern das Volk auch „aus- und einführt". Eine rabbinische Deutung greift das Bild vom Führer als Hirten auf, der Verantwortung trägt für die Sicherheit seiner Herde. Sie sagen: Lass ihn nicht wie ein militärischer Führer sein, der seine Soldaten zu tausenden in den Krieg führt und nur hunderte Überlebende zurückbringt.

War Moses zufrieden mit der Wahl Josuas? Möglicherweise, doch wie viele Führer, war es auch für Moses schwierig, seine Rolle aufzugeben - obwohl er wusste, wie wichtig das war. Viele rabbinische Geschichten berichten von Moses Weigerung, zu sterben und darüber, wie sehr er sich dagegen gewehrt hat. In einer dieser Geschichten bittet er Gott um einen Gefallen: Josua soll seinen Platz einnehmen, aber Moses möchte weiterleben und Josuas Schüler werden, so wie Josua der Schüler von Moses war. Gott stimmt zu. Als Moses lauscht, wie Josua Thora-Unterricht gibt, sehen die Leute ihn dort stehen und bitten ihn: „Moses, unser Lehrer, lehre uns die Thora". Er antwortet: „Ich habe dazu nicht mehr die Befugnis", aber sie wollen ihn nicht gehen lassen. Da kommt eine Stimme aus dem Himmel „Seid bereit, von Josua zu lernen". Das Volk stimmt zu und sitzt Josua zu Füßen. In diesem Augenblick wurde die Überlieferung der Weisheit von Moses auf Josua übertragen. Als das Volk gegangen war, begleitete Moses Josua zum Versammlungszelt, wo Moses immer Gottes Wort gehört hatte. Aber als sie eintraten, kam eine Wolkensäule herab und trennte die beiden. Später fragte Moses Josua, was Gott zu ihm gesagt habe und der antwortete: „Als Gott Dir sein Wort verkündete, wusste ich, was er zu dir gesagt hatte?" Das war zu viel für Moses und er schrie wütend: „Ich möchte lieber hundert Mal sterben als mit diesem schrecklichen Gefühl von Neid zu leben! Herrscher des Himmels, bis jetzt wollte ich am Leben bleiben, aber jetzt überantworte ich dir meine Seele".

Das legt eine andere Deutung des Satzes nahe, als wir bisher annahmen. Ein wirklicher Führer weiß, wann er „vor dem Volk ausgehen" muss, aber er weiß auch, wann es an der Zeit ist, seine Rolle abzugeben und heimzukehren.

Der Anfang der heutigen Lesung erzählt von einer Volkszählung, die die Größe der neuen Generation bestimmen sollte, die während der vierzigjährigen Wüstenwanderschaft, also in Freiheit geboren war. Am Ende der Lesung steht das Opfer, das dargebracht werden soll, wenn das neue Land erreicht ist. Beide Textstellen schauen in die Zukunft und Moses muss erkennen, dass es eine Zukunft ohne ihn geben wird. In der Art und Weise, wie er diese neue Realität akzeptiert, liegt eine große Würde. Gott befiehlt ihm, Josua die Hand aufzulegen und ihn vor den Priester Eleazar treten zu lassen, so dass die ganze Gemeinschaft sie sehen kann.

In der Bibel heißt es:
Und Moses tat, so wie der Ewige ihm geboten und nahm den Josua und stellte ihn vor Eleazar den Priester und vor die ganze Gemeinde. Und legte seine Hände auf ihn und gab ihm Befehl, so wie der Ewige geredet durch Moses. (Numeri 27:22-23)

Aber es gab eine leichte Änderung in der Art und Weise, wie Moses die Anweisungen Gottes ausführte. Vielleicht aus Respekt vor Moses' Gefühlen sollte er nur eine seiner Hände auf Josuas Kopf legen. So, als ob nur ein Teil von Moses' Autorität auf seinen Nachfolger übergehen sollte. Aber Moses sah, wie wichtig es war sowohl die Macht weiterzugeben, als auch Josua seine ganze Unterstützung zukommen zu lassen für die schwierige Aufgabe, die vor ihm lag. Und statt ihm nur eine Hand aufzulegen, wie Gott ihm befohlen hatte, legte Moses beide Hände auf den Kopf des Mannes, der schon bald seinen Platz einnehmen sollte.

Die Töchter des Zelophehad - Matot-Massei Num 302-36:13

Mit der Thora-Lesung dieser Woche beschließen wir das Buch Numeri. Wir beenden damit auch eine Folge von biblischen Büchern, die sich mit den Wanderungen der Kinder Israels befassen. Im Buch Exodus fliehen sie aus Ägypten und ziehen zum Berge Sinai, um sich dort mit Gott zu treffen. Im Buch Numeri folgt die 40jährige Wanderung vom Sinai auf dem Weg in das gelobte Land. Zwischen diesen beiden Büchern über Reisen steht das Buch Levitikus, das sich auf das religiöse Zentrum der Gemeinschaft, das Heiligtum, konzentriert. Es beschäftigt sich damit, was es bedeutet, dass dieses Volk zu einem heiligen Volk werden soll. Es ist der ruhende Pol, um den herum sich dis sozialen und politischen Dramen der Gründung eines auserwählten Volkes abspielen.

Am Ende des Buches Numeri stehen wir kurz davor, das gelobte Land zu erreichen. Wie endet das Buch also? Was ist die Botschaft, die wir entdecken müssen, bevor diese neue Phase beginnt?

Auf den ersten Blick ist es eine eher enttäuschende Botschaft. Es ist eine Vorschrift über ein rechtliches Problem. Es wirft eine Frage auf, die im selben Buch schon einmal aufgetaucht ist und die damals scheinbar zufrieden stellend gelöst worden war. Gemäß den Gesetzen des Alten Nahen Ostens wurde beim Tode eines Mannes sein Eigentum an seinen ältesten Sohn vererbt. Aber was geschah, wenn der Mann keine Söhne hatte oder nur Töchter? Das war die Frage, die Moses in Kapitel 27 von den Töchtern des Zelophehad gestellt wurde. Diese Frage war so wichtig und so gut diskutiert worden, dass die fünf Frauen genannt wurden: Machlah, Noah, Hoglah, Milkah und Tirzah. Sie werden nicht nur hier genannt, sondern noch an drei weiteren Stellen der Bibel, ein außergewöhnliches Zeichen des Respckts.

Sie weisen Moses darauf hin, dass ihr Vater während der 40jährigen Wanderung durch die Wüste gestorben ist. Deshalb wurde sein Name nicht berücksichtigt, als das Land unter den verschiedenen Familien des Volkes aufgeteilt wurde. Darüber hinaus hatte er sich nicht an dem Aufstand gegen Moses beteiligt, der von Korach angeführt worden war. Deshalb sollte nichts verhindern, ihm seinen Anteil zu geben. Das Problem war, dass er keinen Sohn als Erben hatte, sondern nur Töchter, und sein Name und sein Anteil am Land deshalb übergangen wurde. Warum konnten die Töchter nicht erben und so den Namen des Vaters bewahren? Moses musste Gott konsultieren, bevor er eine Antwort geben konnte – eine in ihrem Sinne positive Antwort. Diese fünf Töchter hatten Recht, so zu argumentieren, wie sie es getan hatten. Sie konnten das Stück Land erben, das ihr Vater erhalten hätte, wäre er noch am Leben. Moses nimmt diesen Fall zum Anlass, ein Gesetz zu erlassen, dass es Töchtern ermöglicht zu erben, wenn kein Sohn vorhanden ist.

Vor dem männlich dominierten kulturellen Hintergrund der Bibel ist das ein großes Zugeständnis an die Rechte der Frauen und die fünf Töchter werden zu Recht geehrt.

Doch in Kapitel 36, dem letzen im Buch, stößt jemand auf eine ungeahnte Schwierigkeit. Wenn die Töchter Männer von anderen Stämmen heiraten, würde das Land an einen Sohn vererbt werden, der diesem anderen Stamm angehört. Dieses Problem wurde aufgeworfen von Mitgliedern des Stammes des Zelophehad, die befürchteten, dass Teile des Landes ihres Stammes dadurch verloren gingen. Diesmal musste Moses nicht einmal Gott konsultieren, sondern er kommt selbst zu einer Lösung. Die Töchter des Zelophehad konnten die Person ihrer Wahl heiraten, jedoch mussten sie Männer Ihres eigenen Stammes wählen. Es ist eine elegante Lösung, die jedoch dadurch scheitern konnte, dass die Töchter sich nicht daran halten! Glücklicherweise halten sich alle fünf daran. Sie heiraten innerhalb ihres eigenen Stammes und der Landanteil ihres Vaters und auch sein Name wird bewahrt.

Heutzutage mögen wir uns mit der Lösung des Moses nicht mehr so glücklich fühlen. Lebten sie in heutiger Zeit, würden vermutlich auch die Töchter des Zelophehad sie problematisch finden. In biblischer Zeit und bis vor noch relative kurzer Zeit fühlten sich die Menschen im Westen ihrer Verantwortung der Familie oder der Gemeinschaft gegenüber verpflichtet. Wenn es einen Konflikt gab zwischen den individuellen Wünschen eines Einzelnen und seinen Pflichten gegenüber der Gemeinschaft, kam die Pflicht zuerst, zu welchem Preis an persönlichem Glück auch immer. Aber das hat sich heutzutage geändert und das Gleichgewicht schlägt um zur individuellen Entscheidung, besonders in der Frage, wen man heiratet. Im Leben gibt es viele Situationen, in denen Gemeinschaften Entscheidungen treffen müssen über ihre Gestalt und nicht jedes Mitglied findet sich damit im Einklang. Die jüdische Gemeinschaft ist beinahe stolz auf die Zahl der Fälle, in denen sie unterschiedlicher Meinung waren und es heute noch sind! Deshalb ist es sehr ermutigend in der Bibel von einem potentiellen Streitfall zu lesen, der gelöst worden ist.

Wenn die Lesung eines biblischen Buches in der Synagoge abgeschlossen wird, ruft die Gemeine auf Hebräisch: chazak chazak v'nitchazek. Das bedeutet: 'Sei stark! Sei stark! Und lass uns einander stärken!' Dieser Ruf hat am Ende dieses Buches Numeri eine besondere Bedeutung. Das Leben in einer Gemeinschaft ist immer ein schwieriger Balance-Akt zwischen den Interessen des Einzelnen und den Bedürfnissen der gesamten Gemeinschaft. Um die Gemeinschaft am Leben zu erhalten müssen alle Parteien gewisse Einschränkungen ihrer Wünsche hinnehmen und zu einem Kompromiss finden. Im Eifer des Gefechts kann das sehr schwierig sein und manche mögen auch sehr extreme Positionen einnehmen. Durch das ganze Buch Numeri ziehen sich Beispiele von solchem Extremismus, der zu Konflikten und Zerstörung führt. Deshalb ist es ermutigend, ganz am Ende des Buches von einer schwerwiegenden Auseinandersetzung zu lesen, die auf dem Rechtswege und durch einen Kompromiss ausgeräumt werden konnte, der von allen akzeptiert werden kann. Wie dem auch sei, um einen Kompromiss einzugehen müssen wir die innere Stärke und Sicherheit haben, gerade soweit nachzugeben, dass eine Lösung gefunden werden kann. Und es gibt heute eine Anzahl von innerjüdischen Konflikten, bei denen gerade diese Art von Mut benötigt wird.

Das ist nur eine Weise, die Stärke zu verstehen, die wir einander am Ende der Thora-Lesung wünschen. 'chazak chazak'. Wir wünschen jeder Partei jedes Konflikts die innere Stärke einen akzeptablen Mittelweg oder Kompromiss zu finden. Denn nur dann können wir sagen: 'v'nitchazek', wir sind alle gestärkt.

Neue Rituale für Frauen - Ekew Deut 7:12-11:25

Kürzlich nahm ich an einer interreligiösen Konferenz teil und traf dabei eine Pastorin wieder, die ich schon seit vielen Jahren kenne. Wir hatten einige Minuten abseits des gefüllten Konferenz-Programms und sagte, sie wolle mir etwas erzählen.

Sie erinnerte mich an ein Gespräch, das wir einige Jahre zuvor geführt hatten. Zu dem Zeitpunkt erholte sie sich gerade von einer Fehlgeburt, die sie zu einem späten Zeitpunkt in ihrer Schwangerschaft erlitten hatte. Das war besonders tragisch, da sie und ihr Mann sich schon lange Zeit ein Kind gewünscht hatten. Sie erholte sich noch von dem Schock und dem Gefühl des Verlusts, als wir uns unterhielten. Aufgrund meiner Erfahrungen in England stellte ich ihr eine Frage. Es gibt jetzt eine wachsende Zahl von weiblichen Rabbinen, Absolventinnen des Leo-Baeck-College, die unsere Sensibilität geschärft haben für viele Fragen, die besonders Frauen betreffen. Manchmal ergeben sich für weibliche Gemeinde-Mitglieder Probleme, die sich für Männer nie ergeben hätten, Probleme, die in der jüdischen Tradition nicht deutlich angesprochen worden sind. Als ich mit der Pastorin über ihre Situation sprach, erinnerte ich mich an solch ein Problem. Die Frage, die ich ihr stellte lautete: Hatte sie irgendeine Art von religiösem Ritual oder Gottesdienst gefunden, das ihr geholfen hatte, über den Verlust des ungeborenen Kindes hinwegzukommen?

Es ist eine Frage, die ich vielleicht niemals gestellt hätte oder gar gewagt hätte zu stellen, wenn sie nicht schon unter meinen weiblichen Kolleginnen diskutiert worden wäre. Sie haben uns alle ermutigt, Männer und Frauen gleichermaßen, unser Bewusstsein und unsere Sensibilität für solch wichtige Ereignisse in unserem eigenen Leben zu schärfen. Die jüdische Tradition war nicht sehr hilfreich.

Im jüdischen Gesetz gibt es eine sehr detaillierte Methode des Trauerns nach dem Tod eines Familienmitglieds. Die ersten sieben Tage nach der Beerdigung bleibt der Trauernde zuhause, wird von Familienangehörigen und Freunden besucht, die für alle täglichen Bedürfnisse sorgen. Täglich werden bestimmte Gebete gesprochen. Die zweite Periode dauert dreißig Tage, in denen der Trauernde nach und nach in das normale Leben zurückgeführt wird. In den nächsten elf Monaten spricht der Trauernde jeden Tag ein bestimmtes Gebet, den Kaddisch. Nach diesem Zeitraum ist die formelle Trauerzeit vorbei, aber am Todestag wird weiterhin der Kaddisch gesprochen. Das ist ein komplexer und kraftvoller Prozess, in dem der vom Trauernden erlittene Verlust von der Gemeinschaft wahrgenommen wird. Unterstützung wird angeboten und die Rückkehr in das normale Leben wird nach und nach vollzogen. Aber der Abschluss dieses ersten Jahres, wenn das tägliche Sprechen des Kaddisch aufhört, ist auch sehr wichtig. Es erlaubt einen formellen Abschluss dieser ersten intensiven Periode. Es hilft dem Trauernden bei der Anpassung an die Aufgaben und Verantwortungen eines Lebens, das nun ohne die verstorbene Person geführt werden muss. Dieser Prozess zeigt, wenn er funktioniert, einen tiefen Respekt für beide Seiten, für den Verstorbenen und für diejenigen, die überlebt haben und ihr Leben fortführen müssen.

Aber es gibt eine Ausnahme von dieser Praxis. Gemäß der jüdischen Tradition gibt es für ein Kind, das binnen 30 Tagen nach der Geburt stirbt, keine formelle Trauerzeit oder andere Rituale, die den Tod begleiten. Vermutlich entstand diese Regelung in einer Welt, in der die Kindersterblichkeit sehr hoch war. Die Philosophie, die dahinter steht, scheint zu sein, dass am besten ist, so schnell wie möglich zu vergessen, was passiert ist, weiterzuleben und zu versuchen erneut schwanger zu werden. Fruchtbarkeit und eine große Kinderzahl galten in biblischen Zeiten und in der späteren rabbinischen Tradition als Beweis für Gottes Segen.

Wie dem auch sei, es muss festgestellt werden, dass diese Einstellung, die das Bedürfnis zu trauern ignoriert, aus einer Tradition entstanden ist, die hauptsächlich von Männern gestaltet wurde. Wie gut ihre Absichten auch gewesen sein mögen, sie hatten nie die Erfahrung der Schwangerschaft gemacht, wussten nicht, wie es sich anfühlt, wenn ein Kind in einem wächst und sich bewegt. Männer und Frauen führten in der Vergangenheit sehr unterschiedliche Leben, besonders in solch intimen Bereichen. Bei einer Fehl- oder Totgeburt oder wenn das Baby kurz nach der Geburt gestorben ist, haben die Rabbinen vielleicht die Tiefe der damit verbundenen Trauer einfach nicht verstanden. Viele Frauen können einen solchen Verlust nicht einfach vergessen. Es kann sie ebenso berühren wie der Verlust eines älteren Kindes oder eines Erwachsenen, der ein vertrauter Teil ihres Lebens war. Wie ich von meinen weiblichen Kollegen gelernt habe, muss dieser Verlust ebenso wahrgenommen werden, sowohl persönlich als auch öffentlich, und die damit verbundenen Gefühle müssen verarbeitet werden.

Aus dem Bewusstsein der fehlenden Unterstützung in der jüdischen Tradition heraus, haben weibliche Rabbinen damit begonnen, religiöse Rituale zu entwickeln, die es Frauen ermöglichen sollen, mit ihrer Verlusterfahrung fertig zu werden und mit dem Trauerprozess zu beginnen, der so wichtig ist. Als eine meiner weiblichen Kolleginnen in England zum ersten Mal ankündigte, in ihrer Synagoge einen Gottesdienst für Frauen zu halten, die einen solchen Verlust erlitten haben, war sie überrascht über die Anzahl der teilnehmenden Frauen. Einige von ihnen hatten bereits Jahre zuvor eine Fehlgeburt oder den Verlust eines Neugeborenen erlitten. Sie fühlten sich durch das Fehlen eines festen Trauerprozesses innerhalb der Tradition zu der Zeit, als sie ihn brauchten besonders isoliert und alleingelassen. Da anscheinend niemand in der Lage war zu verstehen, was dieser Verlust für sie bedeutete, trugen sie ihren Schmerz und Ärger und andere nicht verarbeitete Gefühle noch Jahre später mit sich herum.

Anscheinend hatte ich all das der Pastorin gegenüber erwähnt, als sie mir von ihrer Fehlgeburt erzählte. Das war, als ich ihr die Frage stellte, welche religiöse Unterstützung und Trost sie erhalten hat. Nun, da wir uns wieder trafen, erzählte sie mir, wie wichtig meine Worte für sie gewesen waren. Sie hat meine Anregung nicht nur für sich selber ernst genommen, sie hat auch in ihrer Gemeinde einen Gottesdienst für Frauen organisiert, die ebenfalls den Verlust eines Kindes vor oder kurz nach der Geburt erlitten hatten. Sie hat zusammen mit einer anderen Pastorin und zwei Therapeutinnen als Berater an der Vorbereitung einer angemessenen Gottesdienstform gearbeitet. Sie fanden schnell heraus, dass sie alle vier eine Fehlgeburt erlebt hatten und dass sie alle ähnliche Gefühle hatten, weil nicht anerkannt wurde, was dieser Verlust für sie bedeutet hatte. In dieser vorbereitenden Arbeit stellten sie fest, dass Fehlgeburten sehr häufig waren. Doch Frauen waren sich dessen oft nicht bewusst und fühlten sich isoliert in ihrer Situation, weil sie dachten, dass sie mit ihren Gefühle und Leiden alleine waren. Diejenigen, die in diesen Gottesdienst vorbereiteten, merkten, wie wichtig es für sie gewesen wäre, ihre Erfahrungen zu teilen und sie entschieden, eine solche Möglichkeit mit in den Gottesdienst einzubeziehen.

Die Einladung zu diesem Gottesdienst stieß in der christlichen Gemeinde, ebenso wie bei der jüdischen Gemeinde, auf eine große Resonanz. Die Frauen, die daran teilnahmen, empfanden es als sehr wichtig und einige von ihnen trafen sich auch später noch regelmäßig.

Was sie mir erzählte, hat mich sehr bewegt. Es ist immer schön, wenn die Hilfe, die man angeboten hat, Früchte trägt. Aber es war auch ein klassisches Beispiel für gegenseitige Unterstützung über religiöse Grenzen hinweg. In diesem Fall hatte die Arbeit einer Rabbinerin ein Echo in einer christlichen Pastorin gefunden, weil einige gemeinsame Erfahrungen zu gleichen Lösungen geführt hatten. Es ist auch ein gutes Beispiel dafür, wie moderne religiöse Initiativen Lücken füllen können im traditionellen religiösen Leben.

Dies bringt mich nun endlich zu der Thora-Lesung für diesen Schabbat, die sich auf genau dieses Thema bezieht, jedoch auf sehr problematische Weise. Die Passage in Deuteronomium handelt von Gottes Versprechen. Wenn die Israeliten Gottes Gesetz gehorchen, wird Gott sie lieben, segnen und mehren, insbesondere wird Gott 'die Frucht deines Leibes segnen' (Deuteronomium 7:13). Später verstärkt der Text diesen Gedanken noch damit, dass keine Frau unter den Israeliten unfruchtbar sein werde (Deuteronomium 7:14).

Solche Verse müssen Frauen in dieser Situation sehr belasten. Sie unterstellen, dass Fruchtbarkeit von Wohlverhalten abhängig ist und dass deshalb eine Fehlgeburt als Strafe Gottes angesehen werden muss, für etwas, das sie falsch gemacht haben. Solche Situationen erfordern eine völlig andere religiöse Botschaft, eine die die Menschen in ihrem Verlust unterstützt und ihnen die Kraft gibt, weiterzuleben. Manchmal müssen wir sehr suchen nach dem Segnenden, versteckt in einem Abschnitt der Hebräischen Bibel. Und manchmal müssen wir den Bibeltext umkrempeln und eine ganz andere Art des Segens für uns herausziehen, trotz allem, was geschehen ist. Das ist der Fall, wenn wir die Unterstützung benötigen, die wir einander geben können. Das ist, wenn wir einen Gottesdienst brauchen, in dem wir frei sind, unseren Schmerz, unsere Sorgen und unseren Ärger zurückzugeben, in die Hände Gottes.

Wenn die Tradition falsch ist - Ki Teze Deut 21:10-25:19

Der Thora-Lesung dieser Woche konfrontiert uns mit einem provozierendem Gesetz, das in der Hebräischen Bibel völlig fehl am Platze zu sein scheint. Es findet sich unter einer Reihe von unterschiedlichen Gesetzen im Buch Deuteronomium. In der jüdischen Tradition ist es als das Gesetz über den „unbändigen und widerspenstigen Sohn" bekannt.

Der Text liest sich wie folgt: „Wenn ein Mann einen unbändigen und widerspenstigen Sohn hat, der nicht gehorcht der Stimme seines Vaters und der Stimme seiner Mutter, und sie züchtigen ihn, aber er gehorcht ihnen nicht; so sollen ihn sein Vater und seine Mutter ergreifen, und ihn hinausführen zu den Ältesten seiner Stadt, und in das Tor seines Ortes, und sprechen zu den Ältesten seiner Stadt: Dieser unser Sohn ist unbändig und widerspenstig, er gehorcht nicht unsrer Stimme, - ein Schlemmer und Säufer. Und es sollen ihn steinigen alle Leute seiner Stadt, dass er stirbt. Und du sollst austilgen das Böse aus deiner Mitte, und ganz Israel soll es hören und sich fürchten."

Das passt nur schlecht zu den gängigen Ansichten über Kindererziehung. Vielmehr bietet es denjenigen Munition, die den Gott des Alten Testaments für grausam und die biblische Welt für primitiv und unzivilisiert halten. Da hilft es wenig, dass es einen solchen Prozess in der Bibel nicht gibt. Doch dieses Argument ist nicht sehr überzeugend. Vielmehr ist das Gesetz ein Teil der Heiligen Schrift und kann nicht einfach ignoriert werden.

Doch es gibt ein lösendes Merkmal im Gesetz selbst. In biblischen Zeiten hatte der Vater die Macht über Leben und Tod seiner Kinder. Die Bibel berichtet über den andauernden Kampf gegen Kinderopfer. Aber in diesem Fall scheint die Macht der Eltern stark begrenzt zu sein. Sie müssen den Fall vor die Ältesten bringen und sie sind es, die zu Gericht sitzen, nicht die Eltern selbst. Auf diese Weise werden die mögliche Willkür und der mögliche Machtmissbrauch der Eltern kontrolliert.

Im alten Nahen Osten war Ungehorsam gegenüber dem Vater ein sehr schweres Vergehen, da es die gesamte Autoritätsstruktur der Stammes-Gesellschaft untergrub. Aber wenn wir das Gesetz aus heutiger Sicht beurteilen müssen, können wir es nur missbilligen. Wie wurde es also in früheren Zeiten gesehen? Das ist eine wichtige Frage, denn die Weise, wie frühe Rabbinen es behandelt haben, hilft uns, ihre Werte zu verstehen. Darüber hinaus bietet es einen Einblick in ihre Art, mit Gesetzen umzugehen, die sie selbst für nicht akzeptabel hielten. Solche Gesetze waren von Gott gegeben, sie konnten deshalb nicht einfach ignoriert oder beiseite geschoben werden. Aber eben weil sie das Wort Gottes waren, musste jedes Detail genau geprüft werden, um herauszufinden, was Gott uns damit zeigen wollte. Und das war der Widersinn. Wie problematisch das Gesetz auch erscheinen mochte, so konnte Gott doch nach ihrem Verständnis nur nach den höchsten moralischen Werten handeln. Wenn dies also nicht auf den ersten Blick sichtbar war, so war es die Aufgabe der Rabbinen, den Text genauer zu untersuchen und ihn gemäß solcher moralischer Werte zu interpretieren. Tatsächlich ist dieses Gesetz ein klassisches Beispiel dafür, wie die Art der Interpretation etwas radikal verändern kann, was die Rabbinen für moralisch inakzeptabel hielten. Ihre Art damit umzugehen kann man finden in der frühesten Sammlung von rabbinischen Schriften, der Mischnah (Sanhedrin 8: 1-5), der Sammlung von mündlichen Überlieferungen, herausgegeben von den Rabbinen im zweiten Jahrhundert der christlichen Zeitrechnung.

Der biblische Text bezieht sich auf einen „unbändigen und widerspenstigen Sohn", so schließt das, haben die Rabbinen gelehrt, eine Tochter aus. Da es sich auf einen Sohn bezieht, versuchen die Rabbinen darüber hinaus, diesen Begriff zu definieren. Er kann sich nicht auf einen jüngeren Sohn von weniger als 13 Jahren beziehen, da er vor dem Gesetz nicht verantwortlich gemacht werden kann. Außerdem kann ein Junge, der Anzeichen der Pubertät gezeigt hat nicht länger als Junge angesehen werden. Das Gesetz kann sich also auch nicht auf ihn beziehen. Das schränkt die Zahl derer dramatische ein, auf die sich das Gesetz beziehen kann.

Der Sohn wird beschuldigt, ein Schlemmer und Säufer zu sein. Die Rabbinen mussten also darüber befinden, wie viel Speisen oder Getränke er konsumiert haben musste, um ihn als Prasser und Trunkenbold einzuordnen. Darüber hinaus mussten sie festlegen, welche Art Speisen er gegessen haben könnte und die Umstände, unter denen er sie zu sich genommen hat. Außerdem kommt das Gesetz nur zur Anwendung, wenn er die Speisen im Haus seiner Eltern zu sich genommen hat.

Da beide Eltern im Gesetz genannt werden, müssen beide zu dem Zeitpunkt am Leben gewesen sein. Und wenn nur einer von ihnen bereit ist, ihn anzuklagen, dann kann das Gesetz nicht angewandt werden. Da es außerdem heißt, dass beide Eltern ihn ergreifen sollen, kann keiner von ihnen körperlich behindert sein. Sie müssen zu den Ältesten sprechen, keiner kann also einen Sprachfehler haben - sonst würde das Gesetz wiederum nicht zur Anwendung kommen. Auf diese Weise haben die Rabbinen andere Stellen im Text gefunden, die die Eltern ausschließen.

Als ob diese Einschränkungen zur Verhinderung der Anwendung des Gesetzes noch nicht ausreichen, beriefen die Rabbinen eine ganze Reihe von Gerichten ein, die in solchen Fällen zu entscheiden hatten. Zuerst sollte ein Gericht mit drei Richtern besetzt werden und das Gericht, das ihn schließlich verurteilen sollte, bestand sogar aus 23 Richtern. Um es kurz zu machen: Die Rabbinen taten wirklich alles, um sicherzugehen, dass die Todesstrafe niemals zur Anwendung kommen würde. Tatsächlich scheint es, als hätten sie dieses Gesetz benutzt, um unter Beweis zu stellen mit welchem Einfallsreichtum sie Wege finden, ein unmögliches Gesetz nicht anwenden zu müssen.

Dennoch wurde all das erreicht, indem sie sich strikt an die Methode der legalen Interpretation hielten, die sie als einen Teil ihrer Religion entwickelt hatten.

Wie seltsam dieses Beispiel auch sein mag, es zeigt ein tieferes Problem auf, mit dem alle religiösen Gemeinschaften konfrontiert sind, die auf einer überlieferten Schrift gründen. Wie das Gebot von Gott auch lauten mag, es kann immer nur in der Weise angewandt werden, die durch die Autoritäten festgelegt wird. Was die Schrift auch immer sagen mag, es sind immer die menschlichen Ausleger, die die Verantwortung tragen, es zu verstehen und anzuwenden. Sie mögen sich dabei an die Entscheidung früherer Generationen gebunden fühlen, aber letztlich liegt die wahre Macht in ihren Händen.

Es gibt eine Vielzahl von biblischen Gesetzen, die geändert wurden oder ganz verschwunden sind, weil die Rabbinen späterer Generationen sie für zu problematisch hielten. Beispielsweise verbietet die Bibel Ehebruch eindeutig und schreibt die Steinigung für beide vor, Mann und Frau. Obwohl die Rabbinen Ehebruch ebenso verurteilen, haben sie dieses Gesetz mit so vielen Bedingungen versehen, dass die Todesstrafe niemals angewendet werden kann. (Beispielsweise muss der Ehebruch im Beisein von zwei Zeugen stattgefunden haben, die den Mann im Voraus vor der Strafe gewarnt haben müssen. Dies verhinderte die Anwendung des Gesetzes. Dies garantiert, dass nichts passieren wird.)

Diese Art der menschlichen Anpassungsfähigkeit steht in starkem Gegensatz zu einer andern Haltung, die oft im Namen der Religion propagiert wird. Religiöser Fanatismus, oft im Dienst politischer Ziele, ist zu einer der Geißeln unserer Zeit geworden. Erneut befinden wir uns in einer Periode, in der sich Menschen auf das „Wort Gottes" berufen, um Handlungen zu rechtfertigen, die nach menschlichen oder moralischen Maßstäben absolut inakzeptabel sind. Doch es ist immer ein Schriftbeleg zur Hand, der diese Taten rechtfertigt. Diese enge Beziehung hat Vater Gordian Marshall als „selektiven Buchstabenglauben" bezeichnet. Er konzentriert sich auf eine Idee oder einen Text und ignoriert die Mannigfaltigkeit der Lehren, die in derselben religiösen Tradition zu finden sind. Diese bewusst eingeschränkte Sichtweise kann dazu dienen, eine absichtliche Gefühllosigkeit zu erzeugen, die das menschliche Leben unter eine bestimmte Ideologie oder Sache stellt. Wann immer Menschen behaupten, dass nur eine Auslegung der Schrift möglich ist - diejenige, die zu ihren religiösen oder politischen Zielen passt - dann ist es wichtig, sich an das Gesetz vom „unbändigen und widerspenstigen Sohn" zu erinnern. Wir sollten bedenken, wie die Rabbinen im Namen Gottes mit dem Wort Gottes gerungen haben, um menschliches Leben zu schützen. Sie hatten den Mut, darauf zu bestehen, dass die Schrift immer mehr als eine Deutung zulässt. Sie sahen es als unsere Verantwortung, nach einer Interpretation zu suchen, die kein Leben gefährdet oder mindern kann, sondern nach solchen, die das Leben erhöhen und feiern.

Verheißene Länder - Ki Tawo Deut 26:1-29:8

Die Thora-Lesung dieser Woche handelt von der Ankunft der Israeliten im Lande Kanaan und von der Feier der ersten Ernte. Sie beginnt mit den Worten: "Wenn du in das Land kommst, das dir der HERR, dein Gott, zum Erbe geben wird". Fast zweitausend Jahre lang haben die Juden davon geträumt, zu diesem Erbe zurückzukehren, in das gelobte Land. Stattdessen lebten wir in anderen Ländern, in denen es uns oder unseren Vorfahren erlaubt wurde, uns niederzulassen.

Während eines dreimonatigen Aufenthalts in diesem Jahr als Gastprofessor für jüdische Studien in Würzburg habe ich darüber nachgedacht, welches Land man als Heimat betrachtet. In der Stadt fielen mir immer wieder die kleinen Kupferplatten im Pflaster auf mit den Namen von jüdischen Familien, die in den nahe gelegenen Häusern gewohnt hatten bis sie in ein Konzentrationslager deportiert wurden. Mich berühren diese „Stolpersteine" sehr. Sie geben der Tragödie von vielen Millionen Ermordeten ein menschliches Gesicht. Aber sie machten mir auch die Geschichte der Juden in Würzburg bewusst und ließen mich nach anderen Zeugnissen jüdischen Lebens suchen.

Eines Nachmittags wollte ich ein Konzert anhören. Das Veranstaltungszentrum, in dem es stattfand, war nach Felix Fechenbach benannt. Ich wusste bis dahin nichts über ihn und war von seiner Geschichte fasziniert. Er war Journalist, Dichter und Kinderbuchautor und vor allem politischer Aktivist. Sein Einfluss war so groß, dass er im März 1933 wegen seiner antifaschistischen Aktivitäten verhaftet und im August auf dem Transport in das Konzentrationslager Dachau erschossen wurde. Das Veranstaltungszentrum und ein Berufskolleg in Detmold tragen seinen Namen und geben Zeugnis von jemandem, der für die politische Integrität seines Geburtslandes gekämpft hat und dafür gestorben ist.

In einem anderen Stadtteil entdeckte ich an einer Wand eine Plakette mit dem Namen Norbert Glanzberg. Geboren wurde er in Galizien, später zog seine Familie nach Würzburg. Er komponierte Filmmusiken und wurde von Goebbels als „entarteter jüdischer Künstler" bezeichnet. 1933 ging er nach Paris ins Exil. Er kämpfte in der französischen Resistance und überlebte dank der Intervention von befreundeten Musikern. Er komponierte Lieder für Künstler wie Edith Piaf und Yves Montand, aber auch Filmmusiken. Ein Liederzyklus basiert auf jiddischen Gedichten und klassischen Stücken. In den Jahren vor seinem Tod 2001 gab er Konzerte in Würzburg. Er hatte seine alte Heimat verloren, in Frankreich aber Fluchtpunkt und neue Heimat gefunden.

Die größte Überraschung erlebte ich allerdings, als ich eines Tages aus meiner Wohnung im Gästehaus der Universität kam. Die Straße vor dem Gebäude wird von einem Park mit Bäumen unterteilt. Eine kleine Straße durchquert den Park, benannt nach Yehudah Amichai, dem bekanntesten modernen israelischen Dichter. Geboren 1924 in Würzburg, emigrierte er 1934 mit seiner Familie nach Palästina. In vielen israelischen Kriegen kämpfte er als Soldat und wurde ein Anwalt für Frieden und Versöhnung in der Region. Auch er war ein Würzburger, der gezwungen wurde, das Land seiner Geburt zu verlassen. Aber anders als die Anderen konnte er sich in dem gelobten Land der Bibel niederlassen. Er hat der hebräischen Sprache neuen Reichtum gegeben und in Israel das Erbe gefunden, von dem in unseren Thora-Lesung die Rede ist.

Vom Heiligen zum Profanen - Ki Tawo Deut 26:1-29:8

Zu Beginn der Thora-Lesung dieser Woche weist Moses die Kinder Israel an, ein Ritual zu vollziehen, sobald sie sich im Gelobten Land niedergelassen haben. Sie sollen die Erstlingsfrüchte ihrer Ernte Gott widmen, indem sie sie zum Priester im Tempel bringen. Auch sollen sie Gott dafür danken, dass er sie aus der Sklaverei errettet und sie ins Gelobte Land gebracht hat.

Das sollen sie jährlich zu Beginn der Ernte tun. In der Bibel gibt es auch Vorschriften darüber, wie sie mit den Obstbäumen verfahren sollen. Gemäß dem Buch Levitikus dürfen sie in den ersten drei Jahren nach dem Anpflanzen keine Früchte abnehmen. Im vierten Jahr sollen die Früchte heilig sein und darum Gott geopfert werden, sie sind also noch immer nicht für die Besitzer bestimmt. Erst ab dem fünften Jahr dürfen sie die Früchte essen, als Teil ihrer normalen Nahrung.

Hinter diesen Vorschriften mag das Wissen stehen, wie junge Obstbäume am besten tragen. Aber in der Bibel scheint sich dieses Gesetz auf einen Grundsatz zu beziehen, der an anderer Stelle im Buch Levitikus genannt wird. Im 25. Kapitel gibt es dort eine Reihe von Gesetzen über Vorschriften, die das Land selbst betreffen. Sechs Jahre lang dürfen die Israeliten das Land bebauen und ernten, im siebten Jahr aber darf das Land gar nicht bearbeitet werden, sondern soll brach liegen. Wie die Ruhe am siebten Tag der Woche, dem Schabbat, soll auch das Land in jedem siebten Jahr Ruhe haben. Auch das mag seine Wurzeln im Wissen haben, wie das Land am besten vor Überbeanspruchung geschützt wird. Aber die Begründung für dieses und andere Gesetze lautet, dass das Land nicht uns, sondern Gott gehört. Im Text heißt es, dass wir nur Bewohner auf Zeit sind, wir sind Gottes Gäste. Und wenn das Land Gott gehört, dann auch alles, was darauf wächst. Wir dürfen weder die Fruchtbarkeit als gesichert ansehen, noch unseren Anspruch auf den Ertrag oder das Recht, das Land nach unseren Wünschen zu bestellen. Als Gäste dürfen wir die Früchte essen, aber nur wenn wir anerkennen aus welcher Quelle diese Früchte und all unsere Nahrung stammt. Wie kann das geschehen? Die Einschränkungen, die uns im ersten Anbaujahr auferlegt werden, sowie die jährliche Abgabe der Erstlingsfrüchte sollen uns daran erinnern, dass alles, was wir besitzen, von Gott kommt. Diese Opferrituale übertragen symbolisch das Eigentum am Ertrag des Landes Gottes an uns, damit wir davon profitieren.

Dieser Grundsatz wird in einer Tradition ausgedrückt, die die Rabbinen in nachbiblischer Zeit entwickelt haben. Vor einem Essen, bevor wir das Brot essen, sprechen wir ein Gebet: „Gepriesen seiest du, Ewiger, unser Gott; du regierst die Welt. Du lässt die Erde Nahrung hervorbringen". Ebenso beten wir bevor wir Wein trinken, besonders am Sabbat und an Festtagen: „Gepriesen seiest du, Ewiger, unser Gott; du regierst die Welt. Du hast die Frucht des Weinstocks geschaffen". Auf den ersten Blick scheint es, als ob diese Gebete über Brot und Wein sie heiligen und zu etwas besonderem machen. Aber nach rabbinischem Verständnis ist das Gegenteil der Fall. Das Gebet, die Anerkennung, dass das, was wir gerade essen oder trinken wollen, ein Geschenk Gottes ist, löst diese Gaben aus dem göttlichen Bereich und macht sie uns zugänglich. Durch das Gebet wird unsere Nahrung also nicht vom gewöhnlichen zum heiligen, sondern vom heiligen zum gewöhnlichen.

In der biblischen Zeit war es für die Menschen leicht, die direkte Verbindung zwischen dem Land, seinem Ertrag und Gott zu erkennen und zu verstehen. In einer ländlichen Gesellschaft ist fast jeder auf irgendeine Weise mit der Nahrungsproduktion beschäftigt. Es ist ihnen darum nur zu bewusst, wie wichtig der Regen ist, um die Ernte zu sichern. Im Buch Deuteronomium macht Gott den Regen davon abhängig, wie die Menschen sich verhalten und ob sie Gottes Gesetze befolgen. Manche dieser Gesetze befassen sich direkt mit der Landwirtschaft, aber gemeint waren alle Gesetze, die den Menschen gegeben wurden. Sie sollen sicherstellen, dass jedem Nahrung zugänglich ist, auch den ärmsten und schwächsten in der Gesellschaft. Wir sollen an Gottes Stelle dafür sorgen, dass jeder Nahrung hat. Hinter solchen Gesetzen stehen ethische Werte und die Moral der ganzen Gesellschaft.

Heute leben wir in Städten, die Verbindung zwischen Land und Nahrung ist für uns nicht mehr so offensichtlich. Wir haben mit der Produktion von Nahrungsmitteln nichts mehr zu tun. Wir haben das Gefühl für die Jahreszeiten verloren, denn wir können das ganze Jahr über alle Früchte genießen, indem wir sie einfach von woanders importieren. Was einmal etwas Besonderes war, zum Beispiel frische Erdbeeren im Winter, sehen wir heute als selbstverständlich an. Unsere Nahrung erreicht uns vorsortiert und verpackt, so dass wir das Gefühl für die Erde oder den Baum verlieren, die sie hervorgebracht haben. Wir sind auch weitgehend geschützt vor der Erfahrung von Dürre und Hungersnot, die weite Teile der Erde verwüsten.

Wenn Gott im Buch Levitikus zu den Israeliten sagt: „Alles Land gehört mir", dann bezieht sich das Wort für Land, „eretz", auf das Land Kanaan. Dasselbe Wort „eretz" kann aber auch „die Welt" selber bedeuten. Vor diesem Hintergrund bedeuten die Worte „Alle Welt gehört mir", aber auch, dass wir überall auf der Erde Gottes Gäste sind. Der Ertrag der Erde steht uns zur Verfügung, aber nur wenn wir die Erde schützen und verteidigen und die Gesetze anerkennen, die sicherstellen, dass sie auch weiterhin für uns und alle Menschen Frucht bringt.

In unserer säkularen Zcit mag es unangenehm oder gar anachronistisch erscheinen, vor dem Essen ein Gebet zu sprechen. Wir spüren keine direkte Verbindung zwischen Gott, der Erde und der Nahrungsherstellung. Auch kann die Wissenschaft viele Zusammenhänge besser erklären, als unsere religiöse Tradition und sie kann uns raten, wie wir die Welt als lebenswerten Ort erhalten können. Dennoch wird uns die biblische Sichtweise immer mehr bewusst, nämlich dass unser Verhalten Konsequenzen für die Welt um uns herum hat. Wir müssen Wege finden, dieses Bewusstsein wieder zu stärken und unsere persönliche und gesellschaftliche Verantwortung als Gottes Mieter zu akzeptieren. Vielleicht kann ein Gebet vor dem Essen wie die Rituale zu biblischen Zeiten uns das wieder bewusst machen.

Die Rabbinen drücken es so aus: Wenn wir Nutzen aus dieser Welt ziehen, ohne ein Gebet zu sprechen, dann ist es so, als hätten wir Gott bestohlen.

In einer Kultur der Angst - Ki Tawo Deut 26:1-29:8

Eine der beunruhigendsten Passagen der Hebräischen Bibel findet sich in den Versen, die wir an diesem Schabbat am Ende des Buches Deuteronomium lesen. Die Beziehung zwischen den Israeliten und ihrem Gott basiert auf dem Bund, hebräisch: brit. Ein Bund bezeichnet unter Anderen einen Vertrag zwischen zwei Partnern. Darin müssen die Pflichten beider Partner ebenso aufgeführt sein, wie die Sanktionen, wenn diese Pflichten nicht eingehalten werden. An zwei Stellen in der Thora werden immer härtere Strafen ausgesprochen, wenn die Israeliten ihre Pflichten nicht erfüllen, am Ende des Buches Levitikus und ebenso am Ende von Deuteronomium. Alles, was die Israeliten besitzen, ihr Heim, ihre Ernte, ihre Familien werden zerstört oder ihnen gewaltsam genommen. Im schlimmsten Fall sollen sie aus ihrem Land ins Exil verbannt werden. Und was ihnen dort geschieht, das steht in Levitikus 26, in den Versen 36 und 37: „Und denen, die von euch übrig bleiben, will ich ein feiges Herz machen in ihrer Feinde Land, dass sie ein raschelndes Blatt soll jagen, und sie sollen davor fliehen, als jagte sie ein Schwert, und fallen, wo sie doch niemand jagt. Und einer soll über den andern hinfallen, als wäre das Schwert hinter ihnen, wo sie doch niemand jagt, und ihr sollt nicht bestehen können gegen eure Feinde."

Deuteronomium 28, Vers 66 zeigt eine weitere Dimension: „und dein Leben wird immerdar in Gefahr schweben; Nacht und Tag wirst du dich fürchten und deines Lebens nicht sicher sein. Morgens wirst du sagen: Ach dass es Abend wäre! und abends wirst du sagen: Ach dass es Morgen wäre! vor Furcht deines Herzens, die dich schrecken wird, und vor dem, was du mit deinen Augen sehen wirst."

Diese lähmende Angst, die das Leben unerträglich und positive Handlungen unmöglich macht, war schon immer das Schicksal des jüdischen Volkes bei ihren Erfahrungen mit dem Exil unter den Völkern dieser

Welt. Aber die Wirkung ist allgegenwärtig. Durch die Geschichte und die heutige Welt, durch Unterdrückung oder Bürgerkrieg, politischen Extremismus oder städtische Brutalität, private Fehden oder familiäre Gewalt, die Menschen wissen nur zu gut, was diese Verse bedeuten: Die Angst vor Gewalt, auch wenn sie gerade nicht akut ist, die Furcht vor den Gräueln, die der nächste Tag bringen könnte. Wir sind Zeugen, dass zu dieser Angst eine neue hinzukommt: die willkürlichen Morde und Verstümmelungen von Unschuldigen durch Terroristen. Einst schien das weit weg von Westeuropa, aber jetzt ist es unsere Realität, zum Teil importiert, aber auch immer mehr hausgemacht.

Die Angst vor Terroranschlägen wirkt auf vielen Ebenen, angefangen bei der Furcht vor plötzlichem Tod oder Verletzung. Aber es gibt auch Aspekte, die durch die Terrorismusbekämpfung ausgelöst werden: die Gefahr, dass durch neue Gesetze unsere hart erkämpften Freiheiten eingeschränkt werden und Unschuldige ins Visier der Justiz geraten. Schlimmer noch: Politiker spielen mit dieser Furcht und steigern sie noch, um sicherzustellen, dass die Gesetze genehmigt werden. Die Medien unterstützten das, denn die Sensationsmache steigert ihre Auflagen. In Deuteronomium heißt es: „Furcht deines Herzens, die dich schrecken wird". Das scheint die gleiche Warnung zu sein, die schon Präsident Roosevelt während der Depression 1933 in seiner Antrittsrede formuliert hat: „Das einzige, was wir zu fürchten haben, ist die Furcht selbst". Über den rationalen Aspekt der durch Terroranschläge ausgelösten Ängste hinaus, schürt Terrorismus auch eine tiefere, irrationale Furcht in unserer Gesellschaft.

Aber es gibt einen weiteren Effekt des Terrorismus, der auf lange Sicht vielleicht sogar schlimmer ist: Er schürt Argwohn in unserem täglichen Leben und die Furcht vor „dem Anderen". Jeder der anders ist, der „keiner von uns" ist, stellt eine potentielle Bedrohung dar. In Levitikus heißt es: „Und einer soll über den andern hinfallen". Angst unterhöhlt die normalen Beziehungen, die es zwischen Menschen, die sich kennen, gibt oder geben sollte: Vertrauen und gegenseitiger Respekt. Wenn das schon der Fall ist bei Menschen, die uns nahe stehen, wie viel stärker muss dieser Effekt dann bei Menschen sein, die uns fremd sind?

In England haben wir nach den Bombenanschlägen im Juli die ersten Folgen dieses Phänomens bereits erlebt. Obwohl führende Personen der muslimischen Gemeinschaft die Anschläge verurteilt haben, ist die Anzahl der Übergriffe auf Muslimen und ihr Eigentum stark gestiegen. Das verstärkt das Gefühl der Isolation, Unsicherheit und sogar der Entfremdung, das einige Mitglieder der muslimischen Gemeinschaft empfinden. Diese Situation bietet Nährboden für radikale Bewegungen. Aber dieses Klima der Angst führt auch dazu, dass Vorurteile gegenüber Minderheiten verstärkt werden und zu weiteren Übergriffen auf sie ermutigen.

Wie können wir diesen Kreislauf von Angst und Überreaktion aufbrechen? Es gibt keine einfachen Lösungen. Natürlich muss die Öffentlichkeit durch geeignete Maßnahmen geschützt und Sicherheitsvorkehrungen getroffen werden. Aber sie richten sich nicht gegen die Angst, die aus der Ignoranz der anderen entsteht. Was wir brauchen ist die ständige Bereitschaft, Brücken zu bauen zwischen den verschieden Teilen unserer Gesellschaft.

Eine Möglichkeit ist der interreligiöse Dialog, der sich in Europa nach dem Zweiten Weltkrieg gut entwickelt hat, besonders zwischen Christen und Juden. Früher wurde er als zwar interessante aber doch nebensächliche Beschäftigung von einigen wenigen Interessierten angesehen, oft Randfiguren ihrer eigenen religiösen Tradition. Heute muss er als wachsende Bewegung wahrgenommen werden und zugleich als Mittel zur Sicherung unserer Gesellschaft. Er wirkt neben anderen Aktivitäten, die Menschen ermutigen sich über Grenzen hinweg zu treffen und zu einem tieferen Verständnis und Respekt zu kommen.

In England bildet das Three-Faiths-Forum, einzelne Gruppen, die sich regelmäßig treffen. Die Maimonides-Foundation, eine gemischte jüdisch-muslimische Organisation veranstaltet jedes Jahr ein gemeinsames Training für Kinder beider Glaubensrichtungen im Arsenal Fußball-Club. Nach dem 7. Juli haben viele Synagogen und Moscheen gemeinsame Trauerfeiern für die Getöteten veranstaltet. Eine gemischte jüdisch-muslimische Frauengruppe in England trifft sich jährlich zum Studium der Texte aus beiden Traditionen. In Deutschland besuchen abrahamische und interreligiöse Teams einzelne Schulen; die christlich-islamische Gesellschaft hat in Deutschland mehrere Zweigstellen. Über dreißig Jahre lang hat die ständige Konferenz von Juden, Christen und Muslimen in Europa ein jährliches Treffen organisiert, um die zukünftigen religiösen, pädagogischen und gesellschaftlichen Führungskräfte der verschiedenen Religionen schon während ihres Studiums zusammenzubringen. Die Liste solcher Initiativen in ganz Europa wächst, aber es muss noch viel mehr getan werden.

Diese Aktivitäten vertreiben nicht die Furcht vor Terrorismus. Aber indem wir diesen Dialog fördern und verstärken, schützen wir uns selbst davor, zu Opfern des Terrors zu werden, unfähig irgendetwas zu tun. Vielmehr erweitern wir durch diese Treffen und Aktivitäten unseren Horizont. In den pluralistischen Gesellschaften, die in Europa entstehen, erkennen wir, wer unsere wahren „Brüder" und „Schwestern" sind. Eine Gesellschaft, die aus Angst ausgrenzt, vor der in Levitikus und Deuteronomium gewarnt wird, ist genau die Bedrohung, die wir zu fürchten haben. Aber sie ist eine Herausforderung, die wir überwinden müssen.

Mit Blick auf Jerusalem - Nizawim-Wajelech Deut 29:9-31:30

Dieser Schabbat ist der letzte vor dem Ende des jüdischen Jahres. Deshalb nähern wir uns der Thora-Lesung und der traditionellen Lesung aus den Propheten, der Haftarah, mit gewissen Hoffnungen und Erwartungen. Können sie uns helfen, dem vergangenen Jahr einen Sinn zu geben und uns Hilfe geben für das Jahr, das vor uns liegt?

Die Herausforderungen dieses Jahres waren groß. Jüdisches Leben wurde von den Ereignissen im Nahen Osten überschattet. Wir schauen zurück auf ein Jahr mit so viel Schmerz und Leid gleichermaßen für Israelis wie Palästinenser, ein Jahr der zerbrochenen Hoffnungen und bittern persönlichen Tragödien. Wenn eine friedliche Änderung greifbar schien, wurde alles plötzlich zerstört. Die Menschen auf beiden Seiten dieses Konflikts haben feste Ansichten darüber, warum das geschehen ist und weisen die Verantwortung von sich, normalerweise beschuldigen sie die andere Seite. Es überrascht nicht, dass keine diese einseitigen Überzeugungen, Beschuldigungen und Vergeltungsmaßnahmen das Blutvergießen stoppt, Einstellungen verändert oder Hoffnung sät.

Mit dem Gefühl der Hilflosigkeit angesichts solcher Gewalt und politischer Komplexität wenden wir uns unseren Texten zu. Die Thora-Lesung aus Deuteronomium 29 ist eine Passage, die mich jedes Jahr wieder bewegt. Moses ruft das gesamte Volk zusammen für eine letzte Botschaft. Er beginnt: 'attem nitzawim ha-yom', 'Ihr steht heute alle vor dem Herrn'. Doch das hebräische Wort für 'stehen', 'nitzawim', hat viele Bedeutungen. Es bedeutet: für etwas einstehen, Position beziehen, engagiert und vorbereitet auf alles, was vor einem liegen mag.

Moses zählt auf, wer anwesend ist: Männer, Frauen und Kinder, Anführer, aber auch Außenseiter, Angehörige anderer Völker, die sich dem Schicksal der Kinder Israel angeschlossen haben und sie auf ihrer Reise begleiten. Moses schließt sogar einen noch größeren Kreis von Menschen ein. In diesem Augenblick gehen sie einem Bund mit ihrem Gott ein, der bindend ist, nicht nur für diejenigen, die anwesend sind, sondern auch für diejenigen, die nicht körperlich anwesend sind. Vielleicht sind nur jene gemeint, die sich unwohl fühlten oder anderweitig davon abgehalten wurden, an diesem Tag anwesend zu sein. Aber die jüdische Tradition schaut in eine ferne Zukunft und verpflichtet die Seelen all jener, die in diesen Bund hineingeboren werden, ein Volk vereint mit seinem Gott über Zeit und Raum. Es ist eine Ehrfurcht gebietende Vereinbarung, die hier eingefordert wird. Und es ist vielleicht darum die einzige Jahreszeit, in der es Juden, egal welchen persönlichen Glaubens, welcher Tradition oder gar keiner verpflichtet, in die Synagogen zieht.

Wenn wir uns der letzten Lesung aus dem Buch des Propheten Jesaja zuwenden, wird die Tragik unserer gegenwärtigen Situation überwältigend. Es ist die letzte einer Reihe von Lesungen, alle aus diesem Teil des Buches Jesaja, die in das neue Jahr führen. Jede von ihnen bietet Hoffnung und Trost, verheißt ein Ende des Exils und die Rückkehr in das Land Israel. In diesem Höhepunkt der Reihe, fordert der Redner die Wiedereinsetzung Zions und Jerusalems.

Um Zijon's Willen schweig' ich nicht,
und um Jerushalajim's Willen ruhe ich nicht,
bis wie Lichtglanz hervorgeht seine Gerechtigkeit,
und seine Hilfe wie eine Fackel brennt.
Dass Völker schauen deine Gerechtigkeit
und alle Könige deine Herrlichkeit.
Und man nennt dich mit einem neuen Namen,
den der Mund des Ewigen ausspricht.
(Jesaja 62 :1-2) (Nach Zunz Übersetzung)

Ein Schlüsselwort im Mittelpunkt dieser Passage ist tzedakah, 'Gerechtigkeit'. Nach den vorhergehenden Passagen aus dem gleichen Buch Jesaja, war es das Fehlen von Gerechtigkeit, das zur Zerstörung Jerusalems geführt hat. Wenn die Gerechtigkeit wieder hergestellt wird, wird sie von Jerusalem aus strahlen wie eine Fackel und die Völker werden sie sehen und erkennen.

Aber was ist mit dieser Wiederherstellung Jerusalems gemeint? Für die Zuhörerschaft des Propheten vor 2500 Jahren und für Generationen von Juden seither, kann damit nur die Rückkehr der Juden in ihr Heimatland und ihre Hauptstadt gemeint sein. Ob Jesaja von Zion spricht, dem religiösen Zentrum der Gesellschaft oder von Jerusalem, der politischen Hauptstadt des Volkes, seine Zuhörer sind sein eigenes Volk. Aber ist das alles? Denn im abschließenden Kapitel des Buches Jesaja, spricht der Prophet von einem neuen Himmel und einer neuen Erde. In dieser veränderten Welt werden die Völker selbst die Juden zurück in das Land bringen und einige werden aufgerufen, als Priester in diesem neuen religiösen Zentrum zu wirken, in das die Menschheit kommen soll, um Gott zu ehren.

Aber das war immer das Paradox an Jerusalem. Als Salomo den Tempel weihte, lud er alle Völker ein, Gott dort zu ehren und er bat Gott, ihre Gebete zu erhören. Jesaja selbst hatte die Vision, dass die Völker nach Jerusalem strömen, um die Thora von Gott zu lernen. Aber andere Stellen der Hebräischen Bibel zeigen eine ganz andere politische Realität: Völker, die Jerusalem umzingeln und bekriegen, die kämpfen und töten, um es zu besitzen und zu kontrollieren. Dieselbe Stadt wurde zu unterschiedlichen Zeiten regiert von Babylon, Susa, Thebes, Alexandria, Antioch, Rome, Byzantium, Damaskus, Bagdad, Kairo, Aleppo, Konstantinopel, London und Amman. Im Zentrum der heutigen Auseinandersetzungen geht es um denselben Streitpunkt: Wem gehört Jerusalem? Was gibt es für eine größere Ironie, was für eine größere Tragödie, als Blut zu vergießen für eine Stadt, die 'Jerushalajim', genannt wird, die Stadt 'Shaloms', des Friedens.

Unsere Thora-Lesung handelt von der Einheit des jüdischen Volkes über Zeit und Raum. Selbst Moses konnte in diesem sehr intimen Augenblick andere Völker, die das Leben der Israeliten teilten, in seine Vision einschließen. Die unterschiedlichen Stimmen, aus denen das Buch Jesaja besteht, sahen Jerusalem zu ihren unterschiedlichen historischen Zeiten entweder als einen vertrauten Teil des Israelitischen Volkes, oder aber als offen für die Völker der Welt. Aber es gibt ein Problem, das nie gelöst worden ist: Wie ist eine solche Vision möglich, die der Einheit und die der Teilung zu ein und derselben Zeit? Ein Schlüssel zur Lösung muss in dem Wort 'tzedakah' liegen, der Gerechtigkeit, die die Basis für eine solche Gesellschaft darstellt, Respekt für die Rechte aller, die dort leben möchten. Das ist die Gerechtigkeit, die über Zion und Jerusalem erstrahlen soll. Gerechtigkeit und Geistesgröße müssen im Zentrum von Jerusalem stehen, wenn es die Bezeichnung 'heilig' verdienen soll. Wie das geschehen kann, ist die Herausforderung für all diejenigen, die an dem Konflikt um Jerusalem beteiligt sind und für diejenigen, die sich darum sorgen. Aber die Forderung nach Gerechtigkeit bietet zumindest ein höheres Ziel und größere Hoffnung als allein nationale Bestrebung.

Der Jesaja unserer Haftarah war zu seiner Zeit ebenfalls tief beunruhigt. Er forderte seine Zeitgenossen, Israel und die anderen Nationen und sogar Gott heraus. Sein Ruf war nicht nur der nach Gebet und Hoffnung, sondern danach, zu handeln und die Vision zu entwickeln, was Jerusalem einmal sein könnte.

Über deine Mauern, Jeruschalajim, hab' ich Wächter bestellt,
den ganzen Tag und die ganze Nacht, nimmer schweigen sie;
die ihr anrufet den Ewigen, euch sei keine Ruhe.
Und nicht gönnet ihm Ruhe, bis er aufrichtet
und bis er macht Jeruschalayim zum Ruhme auf Erden. (Jesaja 62:6-7)

Dem neuen Jahr zugewandt - Nizawim 29:9-30:20

Die Thora-Lesung dieser Woche birgt eine gewisse Ironie. Eine Ironie, die sich jedes Jahr wiederholt, wenn diese Passage kurz vor dem jüdischen Neujahrsfest gelesen wird.

Die Textstelle aus Deuteronomium 29 beginnt mit der letzten Ansprache von Moses an die Kinder Israel vor seinem Tod. Er erklärt der neuen Generation, die in der Wüste geboren wurde, wie man das gelobte Land erreicht und legt ihnen nahe, den Bund mit Gott, den ihre Elterngeneration am Berge Sinai geschlossen hat, zu erneuern. Er beginnt: 'atem nitzavim ha-yom kul'chem lifnei adonai', 'Ihr steht heute alle vor dem HERRN, eurem Gott...' Dann zählt Moses die verschiedenen Gruppen auf: 'eure Häupter, eure Stämme, eure Ältesten und eure Aufseher, alle Männer von Israel, eure Kinder, eure Frauen und dein Fremder, der mitten in deinem Lager ist, von deinem Holzhauer bis zu deinem Wasserschöpfer'. Die Ironie dieser Stelle liegt nicht in ihrem Inhalt, der sehr stark ist. Nein, es ist die Beschreibung, dass das gesamte Volk bei dieser Gelegenheit anwesend ist. Und was ist daran die Ironie? Es ist einfach so, dass der Beginn der hohen jüdischen Feiertage die einzige Zeit im ganzen jüdischen Jahr ist, zu der die Mehrheit der Juden den Weg in die Synagoge findet, wenn auch nur kurz. Tatsächlich, 'stehen alle vor dem HERRN, ihrem Gott' diese eine Mal im Jahr.

Und tatsächlich verändert sich etwas während der hohen Feiertage. Die regelmäßigen Gottesdienstteilnehmer fühlen sich durch die anderen 'Besucher' vielleicht gestört. Diese Besucher kennen die Abläufe nicht, können nicht teilnehmen und müssen alles erklärt bekommen. Diejenigen, die nur einmal im Jahr kommen, erfüllen damit eine religiöse Pflicht, aber die regelmäßigen teilnehmen, begehen in gewisser Weise eine Sünde, indem sie die Anwesenheit derer ablehnen, die versuchen zu beten.

Man kann sich vorstellen, dass das eine sehr schwierige Zeit für die Rabbinen ist. Da es eine der wenigen Gelegenheiten ist, zu der so viele Gemeindemitglieder anwesend sind, ist es sehr wichtig, die richtigen Worte zu finden. Aber was soll man denen sagen, die im übrigen Jahr so selten in die Synagoge kommen? Verständlicherweise sind viele Rabbinen dadurch frustriert. Warum kommen diese Menschen sonst nicht? Manchmal wird der Rabbiner den Menschen die Schuld geben und so versuchen, sie dazu zu bringen, öfter zu kommen. Das mag dem Rabbiner selber helfen, mit seinem Ärger fertig zu werden, aber es ist nicht sehr förderlich. Inzwischen gibt es eine andere Sichtweise. Statt zu fragen, warum die Gemeinde-Mitglieder nicht in die Synagoge kommen, wird gefragt, warum die Synagoge die Menschen nicht erreicht. Warum erfüllt sie die Erwartungen nicht, die Juden heute haben?

Ein guter Ausgangspunkt ist die Frage: Was zieht die Menschen in dieser Jahreszeit in die Synagoge? In den vergangenen Jahrhunderten haben die Juden ihr Leben nach den Feiertagen ausgerichtet, sie fühlten sich in den Synagogen heimisch und hätten nicht im Traum daran gedacht, zu einem solchen Anlass zu fehlen. Natürlich, in einer geschlossenen jüdischen Gesellschaft gab es keine Wahl, man tat es einfach. Aber ein solches Zugehörigkeitsgefühl und Pflichtbewusstsein gibt es schon lange nicht mehr. In einer säkularen, offenen Gesellschaft gibt es stattdessen nur freiwilliges Engagement. Die Entscheidung, eine Synagoge zu besuchen, wird nicht mehr, wie früher, als Verpflichtung empfunden. Es ist eine Frage der Lebensart, wie viele andere Dinge auch. Die Synagoge muss mit anderen Interessen, gesellschaftlichen Anforderungen oder sogar Vergnügungen konkurrieren. Statt durch die Synagoge, werden sogar die religiösen oder spirituellen Bedürfnisse heute von anderer Seite erfüllt. In der Diaspora drückt sich die jüdische Identität, die sich früher um die Synagoge drehte, durch andere kulturelle und politische Mittel aus.

Was ist es also, das die Menschen in dieser Zeit des Jahres anspricht? Es gibt Menschen, die ein fast physisches Verständnis ihrer jüdischen Identität haben. Sie fühlen sich hineingeboren in eine einzigartige und ganz besondere Gruppe. Sie verstehen die jüdische Geschichte als ein Lebensmuster, das Zeit und Welt überwunden hat. Sie sehen ein Volk, das nicht nur überlebt hat, sondern das der Gesellschaft auch viel gegeben hat. Damit wollen sie sich einmal im Jahr identifizieren. Möglicherweise weist der Rabbiner sie in seiner Predigt darauf hin, dass es nicht genügt, ein jüdisches Leben nur auf Nostalgie aufzubauen. Die Juden haben überlebt, weil sie die Bestimmung zu einer jüdischen Existenz erkannt haben. Wie Moses es in seiner letzten Ansprache erklärt hat, müssen wir diese Bestimmung in jeder Generation neu finden.

Andere kommen aus kulturellen Gründen zu Neujahr in die Synagoge: eine soziale, vielleicht auch familiäre Verpflichtung, entweder aus Respekt vor den Eltern oder um es den Kindern zu zeigen. Vielleicht kommen sie auch aus einem Gefühl der Loyalität mit Freunden. Oder aber sie fühlen sich geborgen in einer Gemeinschaft von Juden – wenigstens einmal im Jahr. Manche kommen vielleicht nur, weil es einfacher ist, als mit der Tradition zu brechen. Der Rabbiner wird dann vielleicht versuchen, ihnen klarzumachen, dass eine Gemeinschaft nur bestehen kann, wenn die Menschen sie unterstützen. Wenn sie wollen, dass es sie gibt – wenigstens einmal im Jahr, dann müssen sie auch Zeit und Energie in ihre Erhaltung stecken. Ein Heim kann nicht ohne Arbeit und Opfer errichtet werden.

Es gibt noch einen dritten Grund für die Gottesdienstteilnahme, der vielleicht alle anderen berührt. Es ist der private und religiöse Kern in jedem von uns, der mit materiellen Dingen nicht befriedigt werden kann. Es ist das Gefühl, dass das Leben mehr ist als materieller Erfolg. Neben dem täglichen familiären Alltag muss es einen tieferen Sinn in unserem Leben geben. Es ist der Wunsch, über unser jetziges Leben hinauszuwachsen und zu etwas Besserem zu werden. Wir gehen also in die Synagoge, weil wir wissen, dass wir an uns arbeiten müssen, auch wenn wir nicht wissen wie oder woran. Wir wissen nur, dies ist die Zeit und der Ort, damit zu beginnen.

Es gibt eine chassidische Lehre, die das sehr gut erklärt. 'Wir wissen nicht einmal, wie wir beten sollen. Alles was wir tun, ist Hilfe für den Augenblick zu erbitten. Was die Seele will, ist spirituelle Unterstützung, nur sind wir nicht in der Lage, auszudrücken, was die Seele braucht. Darum bitten wir Gott, unseren Hilferuf zu erhören, aber wir flehen Gott auch an, den stummen Schrei unsere Seele zu erhören, weil er weiß, was nötig ist.'

Welcher Beweggrund auch immer die Juden in dieser Zeit in die Synagogen zieht, und es ist eine Mischung aus vielen verschiedenen Gründen – möge jeder finden, was seine persönlichen Bedürfnisse und Hoffnungen befriedigt. In einem der wichtigsten Gebete dieser Zeit heißt es 'Avinu malkenu', 'Unser Vater, unser König', 'aseh imanu tzedakah vachesed v'hoshieynu', 'behandele uns großzügig und gütig und helfe uns.'

Shekel, Schwerter und Altäre - Schabbat Schekalim

Zu besonderen Anlässen wird der Zyklus der regelmäßigen Thora-Lesungen während des jüdischen Jahres abgeändert. In solchen Fällen können zusätzliche Lesungen eingefügt werden, die das Thema dieses Schabbats behandeln. In dieser Woche ist das der Fall. Der Schabbat heute wird Schabbat Shekalim, der Schabbat der Shekel genannt.

Der Name bezieht sich auf ein Ereignis, das während der Wanderung der Israeliten durch die Wüste geschah. Moses zählte alle Männer im Alter von zwanzig Jahren und darüber. Das legt die Vermutung nahe, dass es aus militärischen Gründen geschah. Nach Jahrhunderten sind die Israeliten der Sklaverei in Ägypten entkommen. Sie sind dabei, zu einer Nation zu werden und müssen lernen, sich zu verteidigen. Ein Verzeichnis der möglichen Kämpfer zu erstellen ist dabei sicherlich ein wichtiger Schritt. Aber es gab ein Problem: Volkszählungen müssen in der biblischen Welt mit einem Tabu belegt gewesen sein. In einer späteren Periode wird König David hart bestraft, weil er eine Zählung vorgenommen hat ohne gewisse Vorsichtsmaßnahmen zu treffen. Die zusätzliche Passage der Thora aus dem Buch Exodus, die wir an diesem Schabbat in der Synagoge lesen, zeigt, wie dieses Problem gelöst wurde.

Jeder der Männer, der gezählt werden sollte, muss einen halben Shekel abgeben. Dabei handelte es sich nicht um eine Münze, sondern um ein Stück Silber mit einem bestimmten Gewicht. Nachdem jeder seinen halben Shekel abgegeben hatte, wurden möglicherweise diese gezählt und nicht die Männer selbst. So wurde das Problem der Zählung von Menschen gelöst. Diese Abgabe wurde als ein 'Sühnegeld der Seele' bezeichnet, was nahe legt, dass jeder sich durch eine Abgabe vor den Gefahren einer Volkszählung schützen konnte. Die erhobenen Gelder wurden zum Bau des Heiligtums verwendet. Auch wenn unsere Stelle in Exodus vermuten lässt, dass es sich um ein einmaliges Ereignis handelte, wurde es doch später als Kopfsteuer beibehalten, die zur Unterhaltung des Tempels diente. Das Geld wurde im jüdischen Monat Adar gesammelt. Um die Menschen daran zu erinnern, entwickelte sich der Brauch, die Geschichte vom halben Shekel am Schabbat vor dem Monat Adar zu lesen. Auch wenn wir eine solche Sammlung nicht mehr vornehmen, so lesen wir doch noch immer diese Passage am Schabbat vor dem neuen Monat. Und deshalb lesen wir sie an diesem Schabbat, denn wir begrüßen den Monat Adar.

Möglicherweise, gab es neben der Ansicht, dass der halbe Shekel eine Art Lösegeld für die Seelen jedes Mannes war, noch einen anderen Sinn. Denn wenn mit der Zählung festgestellt werden sollte, wie viele taugliche Männer für militärische Zwecke zur Verfügung standen, so stand ihr Leben auf dem Spiel, da Soldaten zwangsläufig auch Blut vergießen müssen. Die Hebräische Bibel ist sehr besorgt, wenn es um das Töten zur Selbstverteidigung gerechtfertigt erscheint, ändert das nichts daran, dass ein Leben verloren geht und Blut vergossen wird. Aus diesem Grunde musste man vor Gott und sich selbst eingestehen, dass ein Mensch, erschaffen nach dem Bilde Gottes, vernichtet wurde. Das wäre eine andere Erklärung dafür, warum die Abgabe des halben Shekel als 'Sühnegeld der Seele' verstanden wird. Es war die Anerkenntnis, dass das Töten gegen den Willen Gottes verstößt und man die Verantwortung dafür übernehmen muss. Nach König Salomon, war es deshalb seinem Vater, König David, nicht erlaubt den Tempel zu bauen, denn als Mann des Krieges hatte er Blut vergossen.

Dennoch ist es seltsam, dass die Shekel, die im Zusammenhang mit Kriegsführung und Töten gesammelt worden waren, der Erhaltung des Tempels dienen sollten, dem spirituellen Zentrum des israelitischen Volkes. Tatsächlich gibt es eine Stelle in der Bibel, die genau das Gegenteil vermuten lässt. In Exodus 20 gibt es eine Beschreibung vom Bau des Altars, auf dem die Israeliten ihre Opfer darbringen sollten. Es musste ein einfacher Altar aus Erde sein. Wenn aber stattdessen ein Steinaltar gebaut werden sollte, dann gab es die genaue Anweisung: 'Und wenn du mir einen Altar von Steinen machst, so baue sie nicht von behauenen; denn hast du dein Eisen darüber geschwungen, so hast du ihn entweiht.'

Die Rabbinen waren fasziniert von der Idee, dass das Bearbeiten der Steine mit einem Metallwerkzeug den Altar 'profan' und damit inakzeptabel für Gott machte. Sie fanden die folgende Erklärung: 'Der Altar wird gebaut, um die Tage der Menschen zu verlängern, aber Eisen wurde erschaffen, um das Leben der Menschen zu verkürzen - denn aus Eisen kann man Schwerter machen. Es ist unpassend, dass ein Objekt, das das menschliche Leben verkürzt über etwas erhoben wird, das es verlängert. Außerdem bewirkt der Altar Frieden zwischen Israel und seinem Vater im Himmel, deshalb soll zu seinem Bau nichts verwendet werden, das schneidet und zerstört.' (Tanhuma Yitro 17:126b)

Wir scheinen hier mit zwei gegensätzlichen Lehren konfrontiert zu sein. Die Soldaten, die möglicherweise Blut vergießen müssen, machen eine Abgabe zur Erhaltung des Tempels. Aber das Metall, mit dem sie kämpfen soll nicht zum Bau des Altars verwendet werden, der im Mittelpunkt des Tempels steht. Es gibt keinen Weg, diesen Widerspruch aufzulösen. Im Zentrum steht die Einsicht, dass ein Konflikt, selbst ein Krieg, offensichtlich ein unvermeidlicher Bestandteil menschlicher Realität und menschlichen Verhaltens ist. Oder vielmehr, der Traum des Menschen ist eine Welt ohne Konflikt und Krieg – aber von der Verwirklichung dieses Traumes sind wir noch weit entfernt.

Die Hebräische Bibel macht bereits klar, dass die Freiheit Kriege zu führen begrenzt werden muss. Beim Angriff auf eine Stadt muss es die Möglichkeit zur friedlichen Kapitulation geben. Es gibt Gesetze über die Behandlung von Gefangenen. Eine Politik der verbrannten Erde ist nicht erlaubt. Das waren die ersten Schritte, die den Weg ebneten zu den modernen Konventionen über Kriegsführung. Gemäß der Hebräischen Bibel waren nur bestimmte Menschen zum Kampf verpflichtet. Diejenigen, die gerade eine Familie, Haus und Hof gründeten, waren davon befreit. Die Erhaltung von Leben und Werten, der Aufbau einer menschlichen Gesellschaft, das sind die Dinge, denen wir unser Leben widmen sollten. Krieg zeigt, dass es uns nicht gelungen ist, die wirklich wichtigen menschlichen Werte zu verstehen.

Aufgrund dieser biblischen Unterscheidung zwischen Menschen, die zum Kampf verpflichtet waren und solch, die davon befreit waren, entwickelten die Rabbinen die Idee, dass es zwei Arten von Krieg geben müsse. In einem Krieg der Selbstverteidigung wurde jeder benötigt und war zur Teilnahme verpflichtet, weil das Überleben auf dem Spiel stand. Das wurde als 'obligatorischer Krieg' bezeichnet. Kriege, die vom König aus politischen Gründen oder zum Zwecke der Expansion angezettelt wurden, waren 'erlaubte Kriege', aber in diesen Fällen war die Bevölkerung nicht zur Teilnahme verpflichtet. Wie dem auch sei, solche klaren Unterscheidungen sind nicht immer möglich. Wann ist ein Präventivschlag ein Akt der Selbstverteidigung und wann nur ein verdeckter Akt der Aggression? Diese Fragen werden bis heute in aller Welt ausgefochten.

Für Juden waren diese Unterscheidungen für fast 2000 Jahre nur hypothetisch. Die Rabbinen, die sie in der Vergangenheit formuliert haben, hatten keine Armee und in den umgebenden Nationen nichts zu sagen. Durch die Gründung des Staates Israel sind die Juden wieder als Nation in die Geschichte eingetreten, was die Situation radikal verändert hat. Die Brutalität des Krieges und die Angst davor sind zur täglichen Realität in Nahen Osten geworden – ohne einfache Lösungen.

Mit welcher Rechtfertigung auch immer, Krieg bringt immer die Tötung und die Verstümmelung von Menschen mit sich, die als Ebenbilder Gottes erschaffen wurden. Menschen, die unter anderen Umständen auch wir sein könnten. Die Tradition des halben Shekel erinnert uns daran, dass Krieg nicht glorreich ist, sondern zerstörerisch, kein Zeichen menschlicher Größe, sondern menschlichen Versagens. Die Zählung von Menschen für Kampf-Zwecke ist nur einen Schritt entfernt vom Zählen der Leichensäcke. Im Tod gibt es keinen Unterschied zwischen den beiden Seiten ~~erschaffen worden,~~ zwischen den ... sowohl all diejenigen, die verstümmelt worden sind, als auch all diejenigen die Krieg fordern und in ihm kämpfen. Sie alle brauchen Erlösung für ihre Seelen.

Wir müssen zurückkehren zu der Geschichte der Volkszählung durch König David. Nach der Bibel hat er sie sogar gegen den Rat von Joab seinem Oberbefehlshaber durchgeführt. Es ist nicht klar, warum er das tat, aber es gibt eine wichtige Abweichung zwischen der Zählung Davids und der, von der wir an diesem Schabbat lesen. In Exodus bezieht sich die Zählung auf Männer im Alter von zwanzig Jahren und darüber. David aber zählte alle, die 'in der Lage waren, Waffen zu tragen', junge und alte gleichermaßen. In einer Erklärung heißt es, dass David sich nicht nur für die interessierte, die zum Zeitpunkt der Zählung kämpfen konnten, sondern er rechnete schon mit zukünftigen Kriegen. Deshalb zählte er auch die jungen Männer und Knaben von weniger als zwanzig Jahren. Er verdammte die nächste Generation zum Krieg, statt eine friedliche Zukunft zu schaffen.

Der halbe Shekel der Thora-Lesung sollte Leben schützen und nicht zerstören. Er wurde nicht genutzt, um Schwerter zu schmieden, sondern um für Gott einen Tempel zu bauen. Er war nicht dafür da, Waffenlager einzurichten, sondern für eine viel schwierigere Aufgabe: Die Schaffung von gegenseitigem Verständnis und Respekt, von Aussöhnung und Frieden.

Die Vorwegnahme von Purim - Schabbat Schekalim

Dieser Schabbat ist der erste von vier besonderen Schabbatot, die uns daran erinnern, dass zwei jüdische Feiertage bevorstehen: Purim und Pessach. Diese besonderen Schabbatot helfen uns, uns auf diese Feiertage vorzubereiten und ihre Bedeutung zu überdenken. Das ist besonders für Purim wichtig, denn während des Festes gibt es kaum Gelegenheit, genauer darüber nachzudenken. Im Gegenteil, alle Regeln werden auf den Kopf gestellt. Es ist eine Zeit für Umzüge und Kostümfeste, zum Schenken und Beschenkt werden und für ungewöhnliches Verhalten in der Synagoge. Wenn wir in der Synagoge Megillat Esther lesen, die Rolle des Buches Esther, und den Namen Haman erwähnen, der versuchte alle Juden im persischen Reich zu töten, dann bricht Chaos aus und Krachmacher versuchen, seinen Namen zu übertönen. An Purim dürfen wir hemmungslos Alkohol trinken. Tatsächlich sollen wir so verwirrt sein, dass wir nicht mehr unterscheiden können zwischen „Gesegnet sei Mordechai" und „Verflucht sei Haman".

Wenn wir also zu Purim das Buch Esther lesen, dann tun wir alles, was in unserer Macht steht, seiner Botschaft möglichst wenig Beachtung zu schenken. Das ist verständlich, denn das Buch Esther ist sehr beunruhigend. Es richtet sich direkt an die Juden im Exil, in der Diaspora. Die Geschichte geht um das komfortable und angepasste Leben der jüdischen Gemeinde in Persien. Selbst die Namen Mordechai und Esther sind vermutlich gebräuchliche Namen in jener Gegend, sie beziehen sich auf den Gott Marduk und die Göttin Astarte. Aber im Exil liegt ihr Schicksal in der Hand von Mächten, die sie nicht beeinflussen können. König Ahasveros kann einen Mann wie Haman zum Minister ernennen. Und die Weigerung Mordechais, sich vor Haman zu verneigen und ihm in der Öffentlichkeit zu huldigen, genügen Haman als Grund für die Vernichtung des gesamten jüdischen Volkes. Als Zuständiger für die innere Sicherheit, berichtet Haman seinem König, dass es ein Volk in seinem Land gibt, das eine Gefahr für ihn darstellt und deshalb vernichtet werden muss. Er bietet sogar an, eine große Summe zu zahlen, um den möglichen Verlust an Einnahmen durch die Juden auszugleichen. Scheinbar ohne zu zögern stimmt der König zu. Im Exil hängen Leben und Tod, Erfolg und Katastrophe ab von der Willkür der Mächtigen.

Noch beunruhigender ist die völlige Abwesenheit Gottes im Buch Esther. Es gibt die Vermutung, dass sich die Bemerkung Mordechais Esther gegenüber, dass Hilfe vielleicht „von einem anderen Ort" kommen würde, sich auf Gott bezieht. Aber auch das verstärkt nur das göttliche Schweigen. Stattdessen sorgt der gleiche Zufall, der Haman an die Macht gebracht hat, dafür, dass Esther auf den Thron kommt und mit ihrer Schönheit und List, der Bedrohung ihres Volkes begegnen kann. Am Ende des Buches hat sie gesiegt, Mordechai ist an den Platz von Haman getreten und die Gefahr ist vorüber. Aber wir wissen, dass das nur eine kurze Atempause ist. Wie bei anderen Hofjuden, ist Mordechais Position nur gesichert bis zum nächsten Wechsel in der Politik oder dem nächsten Machtkampf am Hof. Wir amüsieren uns über den Erzählstil des Buches Esther, der an „1001 Nacht" erinnert, wir bewundern die aufregenden Verwicklungen und Wendungen der Geschichte, aber unser Lachen ist hohl, es ist Galgenhumor.

Wahrscheinlich liegt es genau daran, dass wir an Purim so weit gehen, um die Realität auszublenden. Für einen Tag flüchten wir uns in eine Art Vergessen, um die Fantasie eines Triumphs zu feiern. Wahrscheinlich wird deshalb der Schabbat direkt vor Purim, der zweite in unserer Reihe besonderer Schabbatot, „Schabbat Zachor" genannt, „Schabbat der Erinnerung". Da lesen wir von Amalek, dem Erzfeind Israels aus der Zeit der Wüstenwanderung, die Verkörperung des Bösen, mit dem zu kämpfen wir bestimmt sind bis an das Ende der Zeit. Jetzt jedoch, in dieser Zeit der besonderen Schabbatot, ist es Zeit, ernst zu sein. So dass wir an Purim vergessen und entspannen können.

Die Vorwegnahme von Pessach (Passover) Schabbat Ha-gadol

Dieser Schabbat hat im jüdischen Kalender einen besonderen Namen. Es ist der 'Schabbat ha-gadol', der große Schabbat, und er liegt unmittelbar vor Pessach.

Das Pessachfest ist das Fest der Befreiung aus der Sklaverei. Einerseits bezieht es sich auf die physische Sklaverei, denn es erzählt die biblische Geschichte von der Sklavenarbeit der Israeliten in Ägypten und davon, wie Gott die Ägypter gezwungen hat, die Israeliten freizulassen. Aber wir sollten auch eine andere Dimension der Sklaverei sehen, die Bindung an ein Idol, an eine Ideologie oder einen politischen Führer. Was immer uns unsere Unabhängigkeit im Denken und Handeln nimmt, kann eine geistige Sklaverei sein.

Die vier Schabbattage vor dem Pessachfest, jeweils mit einem besonderen Namen, sollen uns auf das Fest vorbereiten. An jedem lesen wir eine bestimmte Bibelstelle und dieser Abschnitt gibt dem Schabbat seinen Namen. Diese vier Schabbattage sollen uns auf die Befreiung vorbereiten, die durch Pessach symbolisiert wird.

Der erste Schabbat in dieser Reihe heißt 'Schabbat Shekalim' und liegt etwa einen Monat vor Pessach. Er hat seinen Ursprung in der Zeit, als jeder männliche Erwachsene einen jährlichen Obulus für die Erhaltung des Tempels entrichten musste. Der Betrag war eine Münze von einem halben Shekel. Jeder hatte die gleiche Summe zu bezahlen. Damit sollte gezeigt werden, dass jedes Gemeindemitglied, ob reich oder arm, in den Augen Gottes gleich ist. Auch nach der Zerstörung des Tempels war es üblich, eine freiwillige Spende zur Unterstützung jüdischer Studien und Wohlfahrt zu geben. Aber der Schabbat Shekalim erinnert uns auch daran, dass jeder von uns mit dafür verantwortlich ist, die öffentlichen Einrichtungen zu erhalten. Vielleicht ist das der erste wichtige Schritt auf dem Weg zu Pessach: unsere Stellung innerhalb der Gemeinschaft zu akzeptieren, egal, welche Anforderungen an uns gestellt werden. Obwohl jeder von uns sein eigenes und unabhängiges Leben führt, ist es doch die Gemeinschaft, die uns unterstützt in der Wahrung unserer Rechte und Freiheiten. Sie ist ein wichtiger Teil in der Bildung und Erhaltung einer Gesellschaft.

Die zweite Schabbat erinnert uns daran, wie zerbrechlich diese Gemeinschaft sein kann, wie gefährdet sie ist. Er heißt 'Schabbat Zakhor' und zakhor bedeutet: Erinnern! Dieser Schabbat ist der letzte, bevor wir am Purim-Fest, das Buch Esther lesen. An was sollen wir uns erinnern? Die biblische Geschichte erzählt eine Episode aus der Zeit der Wüstenwanderung der Kinder Israel. Ein Nomadenstamm, die Amalekiter, greift sie an, wobei ihm die ältesten und schwächsten Leute am Rande des Lagers zuerst in die Hände fallen. Aus diesem Grund sind die Amalekiter ein Symbol für die Grausamkeit und den Hass, den wir heute mit ethnischen Säuberungen, Terrorismus und Völkermord verbinden. In der Bibel heißt es, dass Gott über Generationen Krieg gegen Amalek führen wird. Im Buch Esther steht, dass Haman, der Mann, der das gesamte jüdische Volk auslöschen will, ein Nachfahre von Amalek ist.

Durch die Erinnerung an die Shoah, die immer noch sehr präsent ist, und den wachsenden Antisemitismus in Europa ist es leicht für uns Juden, uns als ewige Opfer von Angriffen zu sehen. Es ist wichtig, alarmiert zu sein und sich, wenn notwendig, zu verteidigen. Aber die Geschichte von Amalek steht auch für unsere Verantwortung dafür, dass das Gesetz für alle Menschen der Gesellschaft gilt und dass keiner ein Opfer von Machtmissbrauch werden darf. Wenn wir die Befreiung wirklich erleben wollen, die uns an Pessach versprochen wird, dann müssen wir unseren Teil dazu beitragen, dass die Institutionen, die sie gewährleisten auch funktionsfähig sind. Freiheit wird nicht einfach vom Himmel zu uns heruntergereicht, man muss sie verdienen durch Einsatz und Wachsamkeit. Dafür ist die Erinnerung an Amalek wichtig.

Der dritte Schabbat in der Reihe ist besonders rätselhaft. Es ist der 'Schabbat Parah', der Schabbat der roten Kuh. In biblischen Zeiten wurde eine makellose rote Kuh getötet und verbrannt. Die Asche wurde für eine rituelle Reinigung verwendet. Auch diese Tradition der rituellen Reinheit verschwand mit der Zerstörung des Tempels. Warum also wurde ausgerechnet dieser Text für die Vorbereitung auf Pessach ausgewählt?

Das bedeutet im Sinne der Bibel, dass das Lager vor Verunreinigungen geschützt werden musste. Menschen, die durch den Kontakt mit einem Leichnam unrein geworden waren, wurden zur Reinigung beispielsweise mit Wasser besprengt, das mit der Asche vermischt worden war. Reinheit kann aber auch so verstanden werden, dass alle Einrichtungen in einer Gemeinschaft oder Gesellschaft in Gefahr sind, korrumpiert oder missbraucht zu werden. Sie sind dann nicht mehr in der Lage, auf die wahren Bedürfnisse der Menschen einzugehen. Möglicherweise haben diejenigen, die Verantwortung tragen, nur ihre eigenen Interessen im Blick. Die Institutionen unserer Gesellschaft müssen deshalb regelmäßig überprüft werden. Wir müssen unseren Werten und unserem Verhalten gegenüber immer kritisch sein.

Es ist schwierig, Freiheit zu erreichen und zu bewahren, aber es ist immer leicht, wieder in die Sklaverei zu verfallen. Sobald Menschen wegschauen, wenn andere ausgebeutet werden oder wenn Mächtige ihre Macht missbrauchen, dann verlieren wir unsere grundlegenden Freiheiten. Deshalb erinnert uns die Hebräische Bibel immer, dass wir Sklaven des ägyptischen Pharao waren. Ein Grund dafür ist, dass wir uns als ehemalige Sklaven mit denen verbunden fühlen sollten, die versklavt werden und wir sollten deshalb an ihrer Befreiung arbeiten. Aber es kann auch als Warnung verstanden werden. Ehemalige Sklaven könnten, wenn sie befreit sind, den Wunsch haben, andere zu unterdrücken. Deshalb ist der dritte Schritt bei der Vorbereitung auf Pessach eine Art Reinigung, persönlich wie gesellschaftlich. Wir sollen erkennen, welche Risiken für die Gemeinschaft es hat, wenn wir uns benehmen wie Amalek. Eine ständige Wachsamkeit unsererseits ist nötig. Mit der Reinigung, die an 'Schabbat Parah' betont wird, können wir uns vor dieser besonderen Gefahr schützen.

Der vierte Schabbat 'Schabbat ha-chodesh', der Schabbat des neuen Monats, kündigt an, dass der Monat Nisan beginnt, in dem wir Pessach feiern. Gemäß der Bibel bezeichnet der Monat Nisan den Beginn des landwirtschaftlichen Jahres. Er steht für die Erneuerung des Lebens im Frühjahr und somit für unsere Wiedergeburt als Volk und die Erneuerung unserer Existenz an Pessach. Wenn wir also die Vorbereitung durch diese vier Schabbattage durchlaufen haben, dann sind wir bereit die Befreiung zu erleben und zu feiern, die mit Pessach versprochen wird.

An diesem 'Schabbat ha-gadol' sollten all diese Vorbereitungen hinter uns liegen. Wir haben unseren halben Schekel für die Gemeinde gegeben, wir haben uns an Amalek erinnert, Reinigung gesucht, symbolisiert durch die rote Kuh und wir haben uns hineinversetzt in die Erneuerung, die in dieser Jahreszeit beginnt. In einem Pessach-Gebet heißt es: 'In jeder Generation ist es unsere Pflicht, uns selbst so zu betrachten, als ob wir selbst aus Ägypten gekommen wären'. Und die Bibel sagt: 'Ihr sollt euren Söhnen sagen an diesem Tage: Das halten wir um dessentwillen, was mir der HERR getan hat, als wir aus Ägypten zogen.' Jeder von uns ist aufgerufen, seine eigene und ganz persönliche Reise zu unternehmen, als Individuum aber auch als Teil unserer Familie und unserer Gemeinschaft. Eine Reise von der physischen und geistigen Sklaverei des vergangenen Jahres zu einem neuen Anfang und zur Herausforderung und Verantwortung, die der Frieden mit sich bringt.

Vergangene Seder-Abende - Chol ha-moed Pessach

Im Moment befinden wir uns mitten im Pessach-Fest, zu dem Familien zusammenkommen, um gemeinsam den Seder-Abend zu feiern. Es ist auch eine Zeit der Rückschau auf die vergangenen Jahre, auf Familienereignisse und Geschichten, die mit dem Abend in Verbindung stehen. Doch wenn ich zurückblicke, dann erinnere ich mich kaum an die Seder-Abende meiner Kindheit. Da ist das Bild meines Vaters, der die hebräischen Gebete so schnell sprach, dass keiner sie verstand. Tatsächlich steigerte sich das Tempo, je ungeduldiger die Menschen im Laufe des Abends wurden. Ich kann mich auch nicht an die Gesichter derer erinnern, die um den Tisch saßen - was ich heute sehr traurig finde. War ich als Kind denn weniger neugierig oder zu abwesend, um darauf zu achten? Was geblieben ist, ist der Geschmack der Hühnersuppe, die wir aßen - und auch Geschmack und Konsistenz der „kneidlach", der Klöße aus „Mazze-Mehl", dem ungesäuerten Brot, das im Zentrum dieses Festes steht. Erst später habe ich herausgefunden, dass dieses scheinbar so jüdische Gericht in Deutschland als „Knödel" sehr wohl bekannt ist - auch wenn die deutsche Variante in Geschmack und Beschaffenheit niemals so ist, wie die in meiner Erinnerung. Vielleicht war es die Hühnersuppe, die den Unterschied machte.

Wenn ich die Seder-Abende meiner Kindheit auch nicht mehr in Erinnerung habe, so bleiben doch die, die ich als Erwachsener selber geleitet habe. Erst wenn man selber eine Feier ausrichtet, wird einem bewusst, welch enorme Arbeit die Vorbereitung verlangt. In traditionellen Haushalten wird der Frühjahrsputz zu einer schwierigen Aufgabe, da jedes Stückchen Brot und ähnliches entdeckt und entfernt werden muss. Aber neben dieser enormen Aufgabe ist auch die Vorbereitung des Essens für den Seder-Abend eine wichtige Tätigkeit, die normalerweise von der Frau des Hauses erledigt wird. Da Dutzende von Familienmitgliedern und Freunden teilnehmen können, ist das Kochen schon rein mengenmäßig eine enorme Aufgabe. Ein wichtiger Teil in der Lehre von Pessach ist Freiheit, so können sich alle, die um den Tisch versammelt sind, bequem in den Polstern zurücklehnen. Wenn etwas die patriarchale Seite des Judentums symbolisiert, so ist es das Bild der Frauen, die vor und während des Seder-Abends in der Küche festgehalten werden, während der Herr des Hauses und die Gäste sich entspannen. Irgendjemand muss immer den Preis für die Freiheit zahlen. Heute geht es natürlich in vielen Haushalten gleichberechtigter zu.

Aber das Nachdenken über Seder erinnert mich an ungewöhnliche Seder-Abende, die ich weit weg von zuhause geleitet habe. Ich hatte die ungewöhnliche Chance bei einem biblischen Film über das Leben von König David fachlich zu beraten. Große Teile dieses Films wurden in Matera in Süditalien gedreht, wo man das biblische Jerusalem nachgebaut hatte. Im echten Jerusalem gab es zu viele moderne Dinge, wie Fernseh-Stationen. Wir drehten im Frühling und es war der kälteste und nasseste Frühling seit Jahrzehnten, was den Drehplan völlig durcheinander brachte. Pessach lag mitten in der Drehzeit und der Produzent lud großzügigerweise meine Frau und meine Kinder ein, uns zu besuchen. Wir organisierten einen Seder-Abend für die jüdischen Mitglieder des Teams. Meine Frau verbrachte Stunden mit dem italienischen Chefkoch, der die Hauptdarsteller versorgen sollte und wir hatten einen wundervollen Seder-Abend in der Kulisse des alten Jerusalem. Obwohl die jüdischen Mitglieder des Teams eingeladen waren, nahm keiner von ihnen teil. Stattdessen feierten wir mit dem Produzent, dem Regisseur und dem Hauptdarsteller Richard Gere, der das Fest nutzte, sich in die Rolle König Davids einzufühlen. Mein Sohn Alas, damals fünf Jahre alt, hatte Bauchschmerzen und fühlte sich sehr krank. Das passiert leicht an Seder-Abenden, wenn Kinder sehr aufgeregt sind – und es verlieh dem ganzen eine gewisse Echtheit.

Die Schlussworte am Seder-Abend drücken die Hoffnung aus, dass das Exil des jüdischen Volkes bald enden möge und wir in das verheißene Land zurückkehren. Das Rezitieren des „l'shanah ha-ba'ah birushalayim", „nächstes Jahr in Jerusalem" in einer Fiberglas-Nachbildung des alten Jerusalem mitten in den italienischen Bergen, war ein passender und bizarrer Abschluss eines bizarren Abends.

Authentisch fand ich einen heimlichen Seder-Abend, den ich einige Jahre vor dem Fall der Sowjetunion in Moskau leitete. In dieser Zeit war es für Juden möglich, Russland mit dem Ziel Israel zu verlassen. Der Preis dafür war der Verlust der Staatsbürgerschaft – und eine Art Vorhölle bis zur Ausreise. Sie wurden „refuseniks" genannt und eine große Kampagne jüdischer Gemeinden im Westen unterstützte sie. So fanden meine Frau und ich uns mit unserem Sohn – damals noch ein Baby – an einem kalten Märzmorgen in Moskau wieder. Man hatte uns eine Telefonnummer gegeben, die wir genau um 8 Uhr 45 aus einer Telefonzelle anrufen sollten, nicht aus dem Hotel. Wir telefonierten und telefonierten und bekamen 15 Minuten lang nur das Besetztzeichen. Eine Minute nach neun kamen wir durch und eine Stimme sagte: „Diese Nummer ist nicht mehr gültig" und legte auf. Es war eine eiskalte Dusche. Zwischen der Angst, vom KGB verfolgt und im Hotelzimmer abgehört zu werden, fühlten wir uns wie in einem Agentenfilm. Tatsächlich passierte uns nichts. Wir wurden angesprochen und in eine kleine Wohnung gebracht, in der der Seder-Abend stattfinden sollte. Viele der Anwesenden waren Angehörige von bekannten refuseniks. Die einzigen im Raum, die schon einmal einen Seder-Abend erlebt hatten, waren die älteren, die so etwas aus ihrer Kindheit kannten. Während siebzig Jahren Sowjetunion wurden alle religiösen Aktivitäten der Juden entweder kontrolliert oder verboten. Feste wie der Seder-Abend waren vielen der Anwesenden deshalb völlig unbekannt. Meine Erklärungen wurden übersetzt und interessiert aufgenommen. Wir lasen der Reihe nach aus der Haggadah, der Gottesdienstordnung sowohl auf Hebräisch als auch auf russisch. Dann gab es das Essen. Danach musste noch ein größerer abschließender Teil der liturgischen Ordnung gelesen werden – der Teil, den mein Vater immer mit halsbrecherischem Tempo las. Doch als wir uns wieder setzten, waren die meisten Teilnehmer in einen anderen Raum verschwunden. Daran war nichts geheimnisvolles, es war einfach Zeit für eine Zigarette und für sie war mit dem Essen der wichtigste Teil des Festes abgeschlossen. Nur die älteren Leute, die sich an Seder noch aus ihrer Kindheit erinnerten, blieben, um die abschließenden Lieder zu singen. Ich konnte es mir nicht verkneifen, diejenigen, die in einen anderen Raum verschwunden waren, aufzuziehen – denn genau das ist es, was häufig bei Familientreffen im Westen passiert. Wir scherzten darüber. Wie konnten sie wissen, dass Juden oft den letzten Teil der Zeremonie ausfallen lassen? Liegt es in ihren Genen? War es eine heimliche Familientradition, die seit siebzig Jahren weitergegeben worden war? Genauso wie es immer Leute gibt, die so etwas locker sehen, so gibt es auch immer diejenigen, die die Zeremonie ordentlich zu Ende führen wollen. Vielleicht macht beides, gehen und bleiben, aus einem Seder-Abend ein echtes Familienfest. Dass beides geschehen kann, das macht das Judentum zu einer sehr menschlichen Religion.

Die Reise ins Unbekannte - Omer

An diesem Sabbat ist eine ganz besondere Periode im jüdischen Jahr zur Hälfte vorbei. Es liegen sieben Wochen zwischen dem Pessachfest, an dem wir des Auszuges aus Ägypten gedenken, und dem Wochenfest, das an die Übergabe der Zehn Gebote auf dem Berge Sinai erinnert, als die Kinder Israel einen Bund mit Gott eingingen. Diese Periode wird „Sefirat ha-Omer" genannt. Die Omer-Zählung und ihre Ursprünge können zurückverfolgt werden bis zu der Zeit als der Tempel in Jerusalem stand. Pessach fiel zusammen mit der Gerstenernte und als Teil der Zeremonie zu diesem Anlass wurde vom Priester eine Garbe Gerste, ein Omer, am Altar geschwenkt. Dieses Gesetz wird in der Thoralesung für diesen Sabbat genannt:

Wenn ihr in das Land kommt, das ich euch geben werde, und es aberntet, so sollt ihr die erste Garbe eurer Ernte zu dem Priester bringen. Der soll die Garbe als Schwingopfer schwingen vor dem Herrn, dass sie euch wohlgefällig mache. Das soll aber der Priester tun am Tage nach dem Schabbat. (Levitikus 23:10-11)

Als der Tempel zerstört wurde, endete diese Zeremonie, erhalten blieb jedoch die Tradition, die neunundvierzig Tage der Getreideernte zu zählen, die mit dem Wochenfest endeten und damit den Beginn der Weizenernte markierten.

Obwohl das Ernte-Thema hinter der Tradition der Omer-Zählung steht, gibt es auch andere Deutungen. Der große Philosoph des Mittelalters, Maimonides, beispielsweise nennt ein schönes Gleichnis. „Wenn du dich auf ein Treffen mit einem guten Freund freust, dann zählst du die Tage und Stunden bis du ihn triffst. Ebenso freut sich Israel auf das Zusammentreffen mit Gott an Schawuot und zählt die Tage". Eine andere Erklärung weist darauf hin, dass wir zu dieser Zeit des Jahres die Thora, die Lehre, noch nicht von Gott erhalten haben und als Volk deshalb gewissermaßen unvollkommen sind. Deshalb warten wir ungeduldig darauf, dass das Wort Gottes in unser Leben kommt und es verändert.

Seit dem 2. Jahrhundert nach gewöhnlicher Zeitrechnung gilt die Omer-Periode als eine Trauerzeit. Sie wurde assoziiert mit der tragischen Bar Kochba-Rebellion gegen Rom, die viele Menschenleben gekostet hat. Traditionell wurde deshalb in dieser Zeit jegliche Art von Feier vermieden, Hochzeiten eingeschlossen. Die einzige Ausnahme ist der 33. Tag der Zählung, auf Hebräisch „lag ba'omer", an dem all diese Einschränkungen aufgehoben sind. Der Grund dafür ist, dass gemäß einer Legende an diesem Tag eine Plage endete, die die Studenten von Rabbi Akiva heimgesucht hatte. Dieser Tag ist deshalb auch als Studenten-Festtag bekannt.

Eine solche Zeitspanne, die in Tagen gezählt wird, verleitet zu beliebig vielen Interpretationen. Da wir uns der Übergabe der Thora nähern, verbinden mystische Traditionen jeden Tag mit einem wachsenden geistigen Bewusstsein. Wir denken darüber nach, wie wir beeinflusst werden von den verschiedenen Aspekten des Göttlichen - Liebe, Kraft, Stolz, Schönheit und Autorität. In einer anderen Tradition verbinden Juden jede Woche mit bestimmten biblischen Figuren und versuchen deren Eigenarten nachzuahmen. Danach ist die erste Woche Abraham gewidmet, bekannt für seine Gastfreundschaft. Die zweite Woche wird mit Isaak assoziiert, mit dem man Gottvertrauen verbindet. Die dritte Woche gilt Jakob wegen seiner Einfachheit. In der vierten Woche ist es die Figur des Moses, was den Blick auf das Thora-Studium richtet. Sein Bruder, der Priester Aaron ist der Mittelpunkt der fünften Woche, weil er versuchte zwischen den Menschen Frieden zu stiften. Die sechste Woche richtet den Blick auf Joseph als jemand, der weltlichen Versuchungen widerstand. Die Figur der siebten Woche schließlich ist König David, der alle oben genannten Eigenschaften vereint und uns erinnert an die Hoffnung auf das Königreich Gottes auf Erden.

Eine andere Deutung bietet sich an, nämlich diese Periode als Erinnerung an eine tatsächliche Reise zu sehen - von Ägypten durch die Wüste zum Berge Sinai. Diese Reise ist auch ein Bild für die Entdeckung der Freiheit nach einer Zeit der Sklaverei und für die Erkenntnis, was diese Freiheit bedeuten kann. Wenn das der Fall ist, können wir uns dann ausmalen, wie die Stationen dieser Reise ausgesehen haben könnten?

In der ersten Woche wird es schlicht Euphorie und Aufregung über die Freiheit gewesen sein, darüber dass man der Angst und der Zerstörung der Sklaverei entkommen ist. Aber daneben wird es auch Zorn und Enttäuschung gegeben haben über die vorangegangene Unterdrückung. In der biblischen Geschichte fand die Durchquerung des Schilfmeeres in der ersten Woche statt, die Teilung des Wassers als eine symbolische Wiedergeburt des Volkes. Ein neues Leben hatte begonnen.

Aber in der zweiten Woche wurde man sich bewusst, dass Freiheit einen Preis hat. Die Sklaverei bot eine gewisse Sicherheit. Wie schlimm es auch war, man wusste wenigstens, was man zu erwarten hatte und das Leben wurde um gewisse Gewohnheiten und Rituale herum organisiert. Hier in der Wüste konnte man sich auf nichts verlassen, von der Nahrungssuche bis zu den Beziehungen zu den anderen ehemaligen Sklaven. Wer hatte die Autorität in der neuen Situation? Wie verhält man sich gegenüber Menschen, die aus der früheren Situation ihren Vorteil gezogen hatten und ihrem eigenen Volk sogar geschadet hatten? Es ist nicht leicht, eine neue Gesellschaft zu formen, wenn frühere Erfahrungen und alte Beschuldigungen den Versuch etwas Neues zu schaffen, zunichte machen.
Vielleicht liegt es daran, dass wir in der dritten Woche die Orientierung zu verlieren drohen. In der Wüste gibt es keine Wegweiser. Wir müssen

lernen, die neue Landschaft zu lesen und zu verstehen. Es wird Konflikte geben über die Führung und über den Weg. Straßen, die in die richtige Richtung zu gehen scheinen, können sich als Sackgassen erweisen. Vielleicht müssen wir sogar umkehren und uns in die Richtung wenden, die wir für richtig halten. Manche werden wehmütig an die guten alten Tage der Sklaverei zurückdenken. Manche werden sogar vorschlagen, das Unternehmen aufzugeben und nach Ägypten zurückzukehren. Als Sklaven wussten wir wenigstens, wer wir waren und wohin wir gehörten. Es ist eine schwierige Zeit voller Zweifel und Wut. Es ist die Zeit, in der das gesamte Unternehmen scheitern und das Volk zerbrechen kann. Die Kinder Israel verbrachten vierzig Jahre in der Wüste und erst eine neue Generation, die in Freiheit aufwuchs, war in der Lage, die Wüste zu verlassen.

In der vierten Woche bestimmt die Realität die Reise selbst. Die täglichen Dinge des Marsches, von Nachschub und Wasser, vom Leben unterwegs sind Routine geworden. Die Frage nach dem Ziel wird in den Hintergrund getreten sein, jetzt zählt nur das Vorankommen. Jedes neue Hindernis muss in Augenschein genommen und überwunden werden. Vielleicht weiß jemand, wohin wir gehen. Wir müssen nur darauf vertrauen und weitermachen.

Die fünfte Woche bringt neue Energie und Stärke. Vielleicht ist es ein „zweiter Wind", der Widerstand gegen die Hoffnungslosigkeit. Wir sind zu weit entfernt von Ägypten, als das wir uns wünschten, umzukehren. Wir haben gelernt, in dieser fremden Gegend zu überleben. Wir erkennen, was wir erreicht haben und welche Fähigkeiten wir entwickelt haben. Es entsteht eine Ahnung und eine Hoffnung auf eine andere Zukunft.

In der sechsten Wochen erkennen wir, dass die Wüste für uns zur Heimat geworden ist. Ihre Landschaften sind vertraut und mehr noch, wir erkennen ihre Schönheit und Reinheit. Ihre Leere war einst zuviel, um sie zu ertragen und wir mussten den Platz irgendwie füllen. Also projizierten wir unsere Ängste hinein. Die Leere außen spiegelte die Leere in uns. Die Sklaverei, die uns in der Vergangenheit bestimmte, war vorbei. Würde sie durch irgendetwas ersetzt werden können? Wer waren wir? Aber jetzt verstanden wir, dass das nur bedeutete, offen zu sein, willkommen zu heißen, was auch immer auf uns zukam. Die Wüste wurde unser Lehrer und ihre Leere eine Herausforderung für unsere Vorstellungskraft und Kreativität.

In der siebten Woche sind wir also bereit, den Sinai zu erreichen. Das ist das Ende unserer Reise. Vielmehr ist es ein Moment der Selbsterkenntnis und des Akzeptierens dessen, wer wir geworden waren. Wir waren ein Volk mit einem Ziel und einem Schicksal. Unsere Reise aus der Sklaverei hat uns gelehrt, wie eine Gesellschaft sein sollte, die das Gegenteil von Sklaverei war. Respekt untereinander, geteilte Verantwortung für das Volk als Ganzes, Sorge füreinander und besonders für die Bedürftigen - all das wartete darauf, in Worte gefasst und geklärt zu werden, als wir unseren Gott trafen auf den Hängen des Berges. Wir konnten den Bund akzeptieren, der uns übergeben wurde, weil wir auf unserer Reise durch die Wüste gelernt hatten, ihn aus unserer eigenen Erfahrung heraus zu verstehen. Wir waren keine Sklaven mehr, jetzt mussten wir selbst die Verantwortung für den Frieden übernehmen.

Und in jedem Jahr müssen wir diese Reise aufs Neue unternehmen. Andernfalls könnten wir die Sklaverei vergessen, aus der wir kommen und sonst könnten wir das Ziel unserer Reise vergessen.

Das Neujahrsfest und seine verschiedenen Bezeichnungen - Erew Rosh Haschanah

Am heutigen Abend beginnt die ernsthafteste Zeit im jüdischen Kalender. Es ist der Vorabend von Rosh Hashanah, Neujahr. In den kommenden zehn Tagen sind wir aufgerufen, all unser Tun des vergangenen Jahres zu überdenken, es im Schein der höchsten Werte unserer Tradition zu untersuchen und uns ein Urteil über unser Verhalten zu bilden. Wir können erkennen, was wir in irgendeiner Weise falsch gemacht haben und müssen versuchen, es zu korrigieren. Dort, wo wir einen anderen verletzt haben, müssen wir die Verletzung wiedergutmachen und bereinigen. Wir sollen verbessern, was wir können und so unser Leben im neuen Jahr neu zu beginnen. Am Ende dieser zehn Tage, an Yom Kippur, dem Versöhnungstag, bitten wir Gott, unsere Versöhnungsarbeit anzunehmen, die Sünden der Vergangenheit zu verdecken und uns im kommenden Jahr zu unterstützen.

Das ist zumindest der Sinn dieser Zeitspanne. Es ist keine einfache Aufgabe. Ein kürzlich erschienenes amerikanisches Buch zeigt, wie wenig wir oft darauf vorbereitet sind. Es heißt: „Das ist die Wirklichkeit und du bist darauf nicht vorbereitet! Ein Führer für das jüdische Neujahr".

Viele Juden haben heute wenige Erfahrungen mit dem religiösen jüdischen Leben. Oft fehlt ihnen eine jüdische Erziehung, die ihnen helfen würde, die Bedeutung und den möglichen Wert unserer Feste zu verstehen. Neujahr ist lediglich ein Datum im Kalender. Es wird ignoriert oder gilt als Familienfest oder als Verpflichtung. Tatsächlich ist Neujahr oft ein Anlass für Familientreffen. Dennoch ist es nicht wie Pessach, das wir zuhause mit der Familie feiern und wo das Augenmerk auf der Geschichte unseres Volkes liegt. Die Neujahrs-Rituale finden in der Synagoge statt und das Individuum steht im Mittelpunkt, so dass die Gemeinsamkeit nicht so wichtig ist.

Die Themen der Neujahrs-Periode basieren auf einer religiösen Sprache und in unserer säkularen Gesellschaft ist das für viele fremd und unbequem. Wir mögen einsehen, dass wir von Zeit zu Zeit Fehler machen, selbst dass wir Menschen verletzen. Dennoch sind Worte wie „Sünde", „Buße" und „Sühne" Teil eines eng begrenzten Verständnisses von einem Leben mit Gott. Wenn Gott in unserem Leben nicht vorkommt, selbst der Gott unserer religiösen Tradition nicht, dann geht viel von der Bedeutung dieser Worte verloren oder befremdet uns sogar. Wie dem auch sei, wenn wir die Grundideen und Lehren der Neujahrs-Periode näher untersuchen, dann können sie uns etwas bieten.

Rosh Haschana selbst hat viele verschiedene Bezeichnungen, in denen sich die unterschiedlichen Gedanken widerspiegeln. Zuerst ist es „Yom Ha-zikaron", der Tag der Erinnerung. Wir sollen auf das vergangene Jahr zurückblicken und überdenken, was geschehen ist und wie wir die Herausforderungen gemeistert haben. Wir sollen dabei ehrlich sein, denn an die Dinge, die wir vergessen oder an die wir uns nicht erinnern wollen, erinnert sich Gott ganz gewiss. Das verlangt also eine gewisse Ehrlichkeit und Integrität, die uns hilft, die guten und die schlechten Dinge des vergangenen Jahres zu erkennen und zu akzeptieren. Wir erinnern uns an die Menschen, die für uns wichtig waren und besonders an die, die im vergangenen Jahr gestorben sind und eine Lücke hinterlassen haben. Wir erkennen, wie wir mit anderen in Beziehung stehen und wie wichtig diese Verbindungen sind. Sicherlich können wir auch erkennen, wo wir Freunde verloren oder Gelegenheiten verpasst haben. Wir wissen nicht, was die Zukunft bringt und wie lange wir die Gesellschaft derer genießen können, die in unserem Leben eine Rolle spielen. Diese Art der Erinnerung ist ein Anstoß, die kostbare Zeit zu nutzen, die wir haben mit Freunden und denen, die wir lieben.

Aber Rosh Haschana ist auch „Yom Ha-din", der Tag des Gerichts, an dem Gott die Menschheit und die Schöpfung prüft. Diese Sichtweise fordert uns auf, unseren Blick auf die Welt um uns herum und unsere größere Verantwortung zu richten. Es ist leicht, sich ohnmächtig zu fühlen, angesichts der großen Brüche in dieser Welt. Täglich werden wir erinnert an Ungerechtigkeit, Kriege, Hunger und Armut, die es überall gibt. Doch ein Tag der Selbstkritik zwingt uns, die Frage zu stellen, welche Auswirkungen unser Leben auf die Welt hat. Wenn ich die Dinge nicht auf globaler Ebene beeinflussen kann, so habe ich doch eine Aufgabe und eine Verantwortung in meiner unmittelbaren Umgebung. Die Gaben, die Gott mir gegeben hat, ob nun materiell oder spirituell, sind nur Leihgaben. Sie werden meine eigenen Gaben in dem Maß, in dem ich sie klug nutze und mit anderen teile.

Wir sind vom Blick nach innen durch die Erinnerung zum Blick nach außen gekommen, durch das Thema Gerechtigkeit. Der dritte Gedanke, der mit Neujahr verbunden ist, bringt uns einen Schritt weiter. Denn aus jüdischer Sicht ist dieser Tag auch der Jahrestag und das Fest der Erschaffung der Welt. Ein Gedicht, das an diesem Tag rezitiert wird beginnt mit den Worten: „Ha-yom harat olam", „dieser Tag ist der Geburtstag der Welt". Rosh Haschana und der folgende Zeitraum bietet also die Chance der Wiedergeburt und der Erneuerung. Sie erinnern uns daran, dass das Universum größer ist als unser eingeschränkter Blick darauf und dass die Menschheit als ganze nur ein kleiner Teil der außergewöhnlichen Schönheit und Vielfalt des Lebens ist. Der Kreislauf unseres individuellen Lebens - Geburt, Wachstum, Verfall und Tod - ist nur ein winziger Teil einer dauernden Veränderung. Wie finden wir die richtige Perspektive in unserem Leben?

Eine alte rabbinische Lehre schlägt vor, dass wir zwei Zettel bei uns tragen sollen. Immer wenn wir uns zu wichtig und selbstzufrieden fühlen, sollen wir den Zettel herausnehmen auf dem steht: „Ich bin nichts als

Staub und Asche". Aber wenn wir uns unbedeutend und wertlos fühlen, dann sollen wir auf den Zettel schauen, auf dem steht: „Um meinetwillen wurde die Welt erschaffen".

Rosh Haschana, die zehn Tage der Buße, die darauf folgen und Yom Kippur bieten die außergewöhnliche Gelegenheit, uns von dem Druck und den Forderungen unseres täglichen Lebens zu lösen. Wir können mit einer anderen Art von Sachlichkeit auf das schauen, was wir tun, auf unsere Hoffnungen und auf das, was das Leben ausmacht. Es ist so, als ob wir uns abtrennen von der vertrauten täglichen Routine und die Zeit einzig uns selbst widmen können. Traditionell trägt man ein weißes Gewand, den Kittel, der uns eines Tages auch als Leichenhemd dienen wird, in dem wir begraben werden. Wir sind frei, unser Leben zu betrachten wie aus dem Grab, seine Erfolge und Niederlagen zusammenzufassen. Aber wir wissen auch, dass es einen Tag nach Yom Kippur geben wird, so dass wir an dem arbeiten können, was wir über uns herausgefunden haben, unser Leben ändern und neu beginnen können.
Mögen wir alle, ob jüdisch oder nicht-jüdisch, etwas für uns finden in dieser Zeit der Buße. Möge unsere Erinnerung die Beziehungen zu denen stärken, mit denen wir unser Leben teilen. Möge unser Urteil über uns selbst nicht zu hart sein aber möge es uns ermöglichen, die Verantwortung ernst zu nehmen, die wir der Welt um uns herum und dem Leben schuldig sind. Möge diese Zeit der Wiedergeburt und Erneuerung der Schöpfung nützlich sein für die Bedürftigen und möge sie den Verzweifelten Hoffnung geben. L'shanah tovah tikatevu, „mögen wir alle geschrieben sein, in dem Buch des Lebens für ein gutes neues Jahr".

Die Sünde, den jeweils Anderen zum Sündenbock zu machen - Erew Rosch Haschanah

Das jüdische Neujahrsfest steht bevor, eine Zeit, um über unser Leben als Individuum und als Teil der jüdischen Gemeinschaft nachzudenken. Wir nutzen diese Zeit, um auf das vergangene Jahr zurückzuschauen. Es ist ein kritischer Rückblick auf das, was wir falsch gemacht oder versäumt haben, aber hätten tun sollen. Dieser selbstkritische Ansatz ist das Vermächtnis der biblischen Propheten. Ihre vornehmliche Aufgabe bestand nicht darin, in die Zukunft zu schauen. Stattdessen versuchten sie, die Gegenwart durch die Augen Gottes zu sehen. Nur dann konnte sich das Verhalten des Volkes ändern - und damit wiederum die Zukunft. Diese Aufgabe und diese Hoffnung sind Teil der hohen Feiertage, die vor uns liegen.

Als ich auf das vergangene Jahr zurückblickte, erinnerte ich mich an ein besonderes Ereignis. Ich hatte das Privileg, am Evangelischen Kirchentag in Köln teilzunehmen und dort Vorträge über das Judentum und die Hebräische Bibel im „Jüdischen Lehrhaus" zu halten. Ich nahm aber auch an einer Reihe von interreligiösen Foren teil, in denen es um den jüdisch-christlich-muslimischen Dialog ging. Mich haben die zahlreichen Veranstaltungen beeindruckt, die in Köln angeboten wurden, um ein besseres Verständnis der Religionen untereinander zu erreichen. Am Dom gibt es ein Zentrum, in dem Menschen sich treffen, um etwas über die drei Religionen zu lernen.

Ein Programm unter der Schirmherrschaft des Oberbürgermeisters, gesponsert von Vertretern der drei Religionen heißt: „Weißt du, wer ich bin?" Es lädt Gemeinden zu gegenseitigen Treffen ein und stellt sehr gute Materialien über die drei Religionen zur Verfügung, bietet aber auch Methoden an, um das Gelingen des Treffens zu sichern. Eine andere neue Initiative heißt „Mach dir ein Bild von Abraham". Sie ermutigt

Menschen, Anzeichen für den Einfluss Abrahams in der Stadt zu finden und im Foto festzuhalten, denn er wird als Stammvater aller drei Religionen angesehen. Diese und andere lokale Initiativen sind wichtige kleine Schritte auf dem Weg zu gegenseitigem Verständnis und Respekt.

Aber das Ereignis, das mich beunruhigt hat, zeigt auf, wie schwierig diese wichtige Arbeit in unserer Gesellschaft ist. Im Anschluss an die Vorträge der drei Diskussionsteilnehmer, gab es beim Kirchentag eine offene Diskussion. Fast alle Fragen richteten sich an den muslimischen Redner. Das ist einerseits verständlich, denn der Islam ist uns von den drei Religionen am wenigsten vertraut, trotz des großen Einflusses des Islam auf unsere europäische Gesellschaft. Beunruhigend war jedoch der Ton der Fragen. Da war eine Aggressivität, die schmerzhaft war. Der muslimische Redner wurde quasi angeklagt, in der Annahme, dass alle Muslime für die Taten einiger weniger verantwortlich seien. Mehr noch, der Islam wurde als Religion der Gewalt bezeichnet – was im genauen Gegensatz zu dem Ton, den Handlungen und dem Vortrag des Redners selbst stand. Er wurde abgetan als die Ausnahme, die die Regel bestätigt. Mich erinnerte das daran, wie engstirnig Menschen manchmal sein können: „Ich habe mir meine Meinung gebildet, also verwirre mich nicht mit Tatsachen!"

Das erinnerte mich an ein ähnliches Erlebnis auf einer Lesereise durch die USA vor einigen Jahren. Ich hatte mehr als dreißig Jahre bei der Vorbereitung einer jährlichen jüdisch-christlich-muslimischen Studententagung hier in Deutschland mitgewirkt. Die Teilnahme ist ein Teil der Ausbildung für alle Rabbinerstudenten des Leo-Baeck-College. Das Ziel ist, dass die künftigen geistlichen Oberhäupter aller drei Religionen sich bereits als Studenten kennen lernen und diese Erfahrung in ihre spätere Arbeit einfließen lassen. Ich werde deshalb oft eingeladen, über meine Erfahrungen auf diesem Gebiet zu sprechen.

Nach dem 11. September begleiteten mich Ängste, Verdächtigungen und Urteile über den Islam und die Muslime während meiner gesamten Amerikareise. Am häufigsten war die Frage, wo die Verurteilungen des 11. September von muslimischer Seite seien, wo die muslimischen Proteste? Meine Antwort stand in einem in England herausgegebenen Buch der muslimischen Gemeinde, das ich bei mir hatte. Es dokumentierte die Verurteilung des Terroranschlags durch wichtige geistliche Führer der Muslime aus aller Welt. Aber es war eindeutig, dass diese Stimmen nicht nur nicht gehört wurden, sondern es schien so, als wollte man sie nicht hören oder ihnen glauben. Es war, als wollten wir die muslimische Welt nur schwarz-weiß sehen. Wir wollten die Stimmen der Mäßigung nicht hören, denn sie verkomplizierten die einzige Botschaft, mit der uns die Medien fütterten. Ich weiß sogar von einem Fall, in dem der Fernsehauftritt eines muslimischen Redners abgesagt wurde, weil seine Ansichten nicht extrem genug waren, um gute Unterhaltung zu bieten.

Natürlich wissen wir das alle. Wir wissen, dass die populären Medien immer sehr dramatische Geschichten bieten. Gute Nachrichten sind langweilig, schlechte Nachrichten steigern die Auflagen. Aber obwohl wir das wissen, lassen wir doch unser Urteil davon beeinflussen.
Selbstverständlich müssen wir auf der Hut sein vor der Bedrohung durch Terroranschläge. Es ist auch klar, dass viele dieser Taten von Gruppen ausgeführt werden, die ihr Handeln durch den Islam für gerechtfertigt halten, selbst wenn die Mehrheit der Muslime über ihre Gewalttätigkeit entsetzt ist. Aber ebenso groß wie die Gefahr durch Terroranschläge ist der Schaden, der unserer Gesellschaft und ihren Werten durch unsere Reaktionen droht, denn wir dämonisieren ständig eine bestimmte Minderheit in unserer Gesellschaft. Die mögliche Folge ist nur zu vertraut und beunruhigend. Indem man eine ganze Gruppe für andersartig hält und dann als Bedrohung sieht, ist es nur noch ein kleiner Schritt, sie zum Sündenbock zu machen und dadurch Misshandlungen von einzelnen oder der Gesamtheit zu rechtfertigen. Das ist ein Prozess, den die Juden

im vergangenen Jahrhundert erlebt haben - und wir kennen die Folgen. Jeder, der in der Gesellschaft etwas zu sagen hat und allgemein von „den Muslimen" spricht, ist in diese Falle getappt und muss in Frage gestellt werden. Wir müssen nicht nur eine Antwort der Muslime anmahnen, sondern auch sicherstellen, dass ihre Stimme gehört wird, indem wir als Gesellschaft sie unterstützen.

Was ist die Alternative zu diesem Klima der Angst, das wir durch unser Schweigen schaffen? Es kann nur die Verpflichtung sein, ein Klima des Verständnisses und des Respekts zu schaffen, quer durch alle Gesellschaftsschichten. Und ein solches Klima entsteht nur durch das aktive Engagement jedes einzelnen, durch Beziehungen zu Menschen über unsere bequemen Grenzen hinweg. Einige innerhalb der Religionsgemeinschaften tun das bereits, indem sie Treffen in Kirchen, Moscheen und Synagogen anbieten, wie in dem Beispiel aus Köln. Schulen beginnen damit, Vorträge zu organisieren, manchmal mit Verantwortlichen aller drei Religionen, um Zusammenarbeit und gegenseitigen Respekt zu zeigen. Aber es bleibt noch viel mehr zu tun, nämlich dass wir persönlich Verantwortung dafür übernehmen, die vereinfachte Botschaft, die uns von den Medien vorgesetzt wird, zu hinterfragen.

Wenn es eine Sünde gibt, die wir zu Beginn des neuen jüdischen Jahres beichten müssen, dann ist es die, dass wir uns erlaubt haben, uns der populären Dämonisierung des Islam und der Muslime anzuschließen, dass wir ein Klima von Misstrauen und Angst geschaffen haben, statt persönliche Beziehungen aufzubauen auf der Basis von gegenseitigem Respekt und Vertrauen, die eine andere Sicht und Hoffnung für die Zukunft zulassen.

Die Lehren von Sukkot (Laubhüttenfest) - Erew Sukkot

Heute Abend beginnen wir, Sukkot, das Laubhütten fest, zu feiern. Wie alle jüdischen Feiertage enthält es eine Vielzahl von Elementen, Elemente, die durch verschiedene Symbole und Handlungen während des Festes verstärkt werden.

Einerseits wird an Sukkot die herbstliche Ernte gefeiert, die Zeit des Jahres, in der die Früchte reif sind und eingebracht werden. In biblischen Zeiten bedeutete das, einen kurzen Augenblick, in dem man sich erholen und den erfolgreichen Abschluss des landwirtschaftlichen Jahres feiern konnte. Aber wie auch bei anderen Festen mit landwirtschaftlichem Hintergrund im jüdischen Kalender, Pessach und Schawuot, wurden dieser landwirtschaftlichen Basis weitere geschichtliche Gedanken hinzugefügt. So wird an Pessach der Auszug aus Ägypten gefeiert, an Schawuot das Zusammentreffen mit Gott am Berge Sinai und an Sukkot die vierzigjährige Wanderung durch die Wüste auf dem Weg in das Gelobte Land.

Ob Juden nun tatsächlich das Feld bestellen oder in Städten leben, an Sukkot bauen wir außerhalb unseres Hauses oder unserer Synagoge eine Sukkah, ein provisorisches Gebilde, bedeckt mit Ästen und dekoriert mit Früchten und Gemüse, zum Himmel hin offen. Diese zerbrechliche Hütte erinnert an die, in denen die Israeliten während ihrer vierzig jährigen Wanderung durch die Wüste gelebt haben. Aber etwas ist sonderbar an dieser Deutung, denn gemäß der biblischen Darstellung lebten die Israeliten während ihrer Wanderung eigentlich in Zelten! Die wenig fest gebauten Hütten mit offenem Dach, die Buden des Laubhüttenfestes scheinen den provisorischen Unterständen nachgebildet zu sein, die während der Erntezeit auf den Feldern aufgestellt werden, um Schutz vor der Hitze der Sonne zu bieten. Sie gehören zu den Leuten, die auf den Feldern auf ihrem eigenen Land arbeiten, nicht zu Leuten, die vierzig Jahre durch eine Wüste wandern.

Ist die Sukkah also ein Symbol, das uns helfen soll, die Erfahrung des Exodus aus Ägypten und die Zeit in der Wüste wieder durchzuspielen? Oder soll sie stattdessen eine spätere Periode darstellen, als die Israeliten sich in ihrem eigenen Land zuhause und verwurzelt fühlten? Diese zwei Seiten des Symbols selbst wiederholen sich in den Aussagen und Spannungen innerhalb des Festes, denn die Sukkah erinnert uns an die Lage des jüdischen Volkes, die sich während des größten Teils seiner Geschichte wiederholte: Wir haben als tolerierte Minderheit jeweils eine Zeitlang an vielen Orten gelebt, nur um vertrieben zu werden, wenn sich die politischen und religiösen Umstände geändert haben und uns zwangen, auf der Suche nach einem neuen Zuhause durch die Welt zu ziehen. Unsere Geschichte ist eine nomadische Geschichte, gelebt in einem begrenzten 'Niemandsland' am Rande anderer Gesellschaften und Zivilisationen.

Indem wir für eine Woche in der Sukkah leben, erleben wir diese Geschichte symbolisch neu. Wir verlassen die Sicherheit und den Schutz unseres Heims, um uns den Launen des Wetters auszusetzen. Durch diesen physischen Akt, erleben wir, dass nicht nur Gebäude aus Stein und Mörtel Sicherheit bieten. Wir identifizieren uns mit den oft tragischen Erfahrungen der Opfer von Flut, Feuer oder Kriegsunruhen. Anstatt auf äußere Sicherheit zu vertrauen, versuchen wir zu verstehen, was es bedeutet innere Sicherheit zu finden. Sie liegt in der Stütze, die uns während unseres ganzen Lebens durch unser Gottvertrauen gegeben wird.

Wegen der Bilder, die sie hervorrufen, ist es schmerzlich und beunruhigend, sich an die Wüsten-Geschichten aus der Bibel zu erinnern. Sie erzählen von der ständigen Suche nach Essen und Trinken und von der Angst vor unserem eigenen Tod und dem unserer Kinder, wenn keine

Nahrung gefunden wird. Die Geschichten berichten von den ängstlichen und feindseligen Reaktionen der Nachbarvölker, den Moabitern und den Edomitern, als die Israeliten heranzogen. Einige verweigerten den Israeliten den Zutritt zu ihrem Gebiet, auch die bloß Durchquerung, selbst dann, wenn sie für dieses Privileg ein hohes Wegegeld gezahlt hatten, einige Völker schickten sogar ihre Armeen an die Grenze, um die Israeliten fernzuhalten. Sukkot führt uns in das Herz der Erfahrungen von Flüchtlingen zu allen Zeiten und an allen Orten und fordert uns auf, uns mit denen zu identifizieren, die zu uns kommen und Zuflucht suchen und ihnen zu helfen.

Vielleicht hatten die Völker von Moab und Edom in biblischer Zeit die gleichen Diskussionen über die Israeliten, wie sie uns heute in Europa nur zu bekannt sind. Ihre Führer mögen gefragt haben: War es wirklich nötig, dass die Israeliten Ägypten verlassen haben und zu uns gekommen sind? Die Debatte wird wie folgt verlaufen sein: Auf der einen Seite waren die Israeliten eindeutig von Völkermord durch den Pharao bedroht, der alle männlichen Kinder tötete. Das würde die Israeliten klar zu politischen Flüchtlingen machen, mit dem Recht auf Asyl aus humanitären Gründen und nach internationalem Recht. Aber vielleicht haben viele Israeliten Ägypten verlassen, weil sie es schlicht leid waren Sklaven zu sein und ihre finanzielle und soziale Situation verbessern wollten, indem sie nach Moab oder Edom oder in das Land Kanaan zogen. Das würde sie zu Wirtschaftsflüchtlingen machen und sie wären nicht wirklich auf Asyl angewiesen. Am Schluss der Diskussion wird die ausschlaggebende Begründung, die Israeliten abzuweisen, möglicherweise ganz anders gewesen sein. Da muss es in Moab eine politische Diskussion gegeben haben. Die einen meinten, die Israeliten benötigen Unterstützung und seien eine Belastung für die Wirtschaft, während andere fürchteten, dass sie eine Gefahr für den örtlichen Arbeitsmarkt sein könnten, indem sie billige Arbeitskraft zur Verfügung stellen und damit die eigenen Leute arbeitslos machen. Alles in allem sei es besser, sie einfach ganz aus dem Land herauszuhalten.

Wir haben einen großen Sprung gemacht von einem religiösen Fest, gefeiert in einer kleinen Hütte in einem vorstädtischen Garten zum globalen Problem der Flüchtlinge in unserer Welt. Aber Sukkot gehört zu einem großen alljährlichen Nachdenken über die Natur der menschlichen Gesellschaft und unsere gegenseitige Verantwortung, das im Herzen unserer jüdischen Feste liegt. Es beginnt an Pessach mit der Feier des Exodus aus Ägypten und der Frage nach der Natur der menschlichen Freiheit. Zu Schawuot schauen wir auf unsere gegenseitige Verantwortung, indem wir durch unseren Bund mit Gott eine menschliche Gesellschaft bilden. Zu Sukkot besuchen wir unsere Sukkah, oft hübsch dekoriert mit Früchten, und genießen die Gaben der Natur, fühlen aber zur gleichen Zeit den kühleren Wind des Herbstes, der vor dem kommenden Winter warnt und wir erkennen die Zerbrechlichkeit allen menschlichen Strebens und Erfolges.

Selbstverständlich ist es keine große Härte, eine Woche lang unsere Sukkah zu den Mahlzeiten aufzusuchen und uns nach drinnen zurückzuziehen, sobald es regnet. Aber es ist völlig anders, ein Flüchtling zu sein, der vielleicht Heim, Sprache und Selbstwertgefühl verloren hat, und selbst die nackten Grundlagen entbehrt, die für das physische Überleben nötig sind. Sukkot fordert uns auf, unsere Vorstellungskraft zu üben und unser Mitgefühl zu zeigen. Es schickt einen Schauer des Unbehagens in unsere Selbstgefälligkeit und erinnert uns vorsichtig an unsere eigene Sterblichkeit.

Aber Sukkot zeigt auch, dass wir von einander die inneren Kräfte zur gegenseitigen Unterstützung mobilisieren können, um uns den Herausforderungen zu stellen, die das Leben mit sich bringt. Diese Hoffnung wird ausgedrückt in den Worten der Schriftstellerin Natalia Ginzburg, die als Überlebende beschrieben hat, wie sie nach dem Zweiten Weltkrieg wieder zum Leben zurückgefunden hat. Sie schrieb: 'Wir waren gezwungen, immer wieder eine innere Ruhe zu finden, die nicht aus Teppichen und Blumenvasen kommt.'

Die Suche nach dieser 'inneren Ruhe' gehört auch zu der Botschaft von Sukkot, denn es erzählt uns auf symbolische Weise, dass wir unser ganzes Leben in einer zerbrechlichen, zum Himmel offenen Hütte verbringen.

Jerusalemer Texte
Schriften aus der Arbeit der Jerusalem-Akademie
herausgegeben von Hans-Christoph Goßmann

Band 1: Peter Maser, Facetten des Judentums. Aufsätze zur Begegnung von Christen und Juden sowie zur jüdischen Geschichte und Kunst, 2009, 667 S.

Band 2: Hans-Christoph Goßmann; Reinhold Liebers (Hrsg.), Hebräische Sprache und Altes Testament. Festschrift für Georg Warmuth zu 65. Geburtstag, 2010, 233 S.

Band 3: Hans-Christoph Goßmann (Hrsg.), Reformatio viva. Festschrift für Bischof em. Dr. Hans Christian Knuth zum 70. Geburtstag, 2010, 300 S.

Band 4: Ephraim Meir, Identity Dialogically Constructed, 2011, 157 S.

Band 5: Wilhelm Kaltenstadler, Antijudaismus, Antisemitismus, Antizionismus, Philosemitismus – wie steht es um die Toleranz der Religionen und Kulturen?, 2011, 109 S.

Band 6: Hans-Christoph Goßmann; Joachim Liß-Walther (Hrsg.), Gestalten und Geschichten der Hebräischen Bibel in der Literatur des 20. Jahrhunderts, 2011, 294 S.

Band 7: Hans-Christoph Goßmann (Hrsg.), Geschichte des Christentums, 2011, 123 S.

Band 8: Jonathan Magonet, Schabbat Schalom. Jüdische Theologie – in Predigten entfaltet, 2011, 185 S.